U0732811

广州
检察

JIANCHAGUAN ZHAJI

檢察官札記

王福成／主编

中国检察出版社

序一　阳光检务，让我们共同见证

郑　红[*]

2008 年，我当选为广东省人民检察院检察长，开始了检察官生涯。履职后，我开展了检察工作与人民群众期待和愿望的调查研究。在调研中，发现检察机关的职能并未完全被人民群众所认知，检察工作在某种程度上似乎蒙上了一层"神秘的面纱"，这种现象不利于检察机关法律监督职能的发挥，不利于赢得人民群众的信任和支持，于是就决定在全省检察机关全面推行阳光检务，以此推动检察人员思想解放，推动检察工作创新发展。

"检察工作如何破解难题，迎来创新发展的新局面？"这是我经常思考的问题。检察机关在老百姓心目中还是"神秘的"，这说明我们的"检务公开"工作做得还不到位。为进一步增强检察工作的透明度和公信力，充分保障人民群众的知情权、参与权、表达权和监督权，确保检察权正确行使，2008 年 5 月，我院在全国率先出台《关于进一步解放思想，全面推行阳光检务的决定》，部署在全省检察机关全面推行阳光检务工作，将法律规定应该公开的与检察职权和检察活动有关的所有信息，都能畅通无阻地让人民群众知晓。

我们决定从建立阳光检务"八项机制"开始：案件办理情况查询机制；申诉案件听证制度；检察文书说理制度；新

---

[*] 广东省人民检察院检察长。

闻发布会和新闻发言人制度；"检察开放日"制度；加强和改进与人大代表、政协委员的联络机制；加强检察宣传及与媒体的沟通联络机制；充分发挥人民监督员、特约检察员、专家咨询委员作用。通过这些措施，让人民群众感受到实实在在的司法公正。

经过三年多的不断努力，全省阳光检务工作取得明显成效，逐步建立了阳光检务的长效机制，阳光检务的内容和形式也不断丰富，检察执法公信力和人民群众满意度不断增强，得到高检院、省委和社会各界的充分肯定。2010年12月，我院又出台了《广东省人民检察院关于进一步深化阳光检务工作的意见》，力求从更大力度、更高要求、更深层次上深化阳光检务工作，将阳光检务的理念根植于每一位检察干警心中，落实在检察工作的每个环节、每个案件中，实现从要我公开到我要公开，从依靠自觉公开到依靠制度公开。

在全面推行阳光检务工作中，广州市检察机关进行了卓有成效的探索。2008年底，广州市人民检察院建立了全省检察机关的第一个"检务大厅"，开创阳光检务之先河，推动了全省的阳光检务工作。"一站式"服务的检务公开大厅和案件办理情况查询机制全面建立，诉讼参与人的合法权益得到充分保障。2010年12月，广州市人民检察院在全国率先建立"立体网上检察院"，以三维立体技术构建了集检察宣传、检务公开、业务办理、检民互动于一体的创新型检察信息服务平台，并积极探索试行起诉书网上公开，全面实现阳光检务网络化。比如，群众可以通过网络点击检务公开大厅，了解检察机关的工作职能以及工作流程。可以进入网络虚拟的"接访室"、"案管中心"，实现预约接访，查阅授权范围内的案件进度、咨询相关事项等。在虚拟的接访室，还可以自由选择接访人，在提出预约接访要求后，系统会向被选择的接访人和处室网络管理员发送手机短信与电子邮件。这些都是便民利民的好措施，让群众得到了实实在在的实惠，同时这也是检察机关的自我加压，有效提高了执法办案人员的执法水平，提升了执法公信力。

接下来，阳光检务要走的路还很长，要做的事还很多。我们将以更加坚定的信心和更加有力的措施，努力践行"忠诚、为民、公正、廉洁"的政法核心价值观，牢固树立"理性、平和、文明、规范"的执法理念，将不断深化阳光检务的过程，变为不断规范检察人员执法办案行为的过程，变为不断提高检察机关公信力的过程，变为不断促进社会主义司法民主化的过程，为建设幸福广东作出更大的贡献。

千里之行，始于足下。我们的每一步前行，都有您的参与和监督；我们的每一次攀登，都有您的扶助与支持。阳光下的我们步履坚实，阳光下的道路就越走越宽。让检察权在阳光下运行，让你我共同见证！

2013 年 10 月

序二　检察·检察官·札记

王福成[*]

　　在汉语中，检察中的"检"是"考查、察验"和"约束、制止"之意，源于《后汉书·闵仲叔传》："骠骑（东平王仓）执法以检下，故臣不敢不至"；"察"是"细看、详审"和"考察、调查"之意，源于《论语·卫灵公》："众恶之，必察焉；众好之，必察焉。"可见，"检察"一词，既指检视察验，又指检举制止。（摘自《检察学》，朱孝清、张智辉著）

　　作为现代司法制度中的检察制度，形成于西方，其"检察"一词，系我国清朝末年由英语的 public prosecution 翻译而来。清朝末年，清政府迫于国外帝国主义和国内变法思潮的双重压力，学习西方的政治、法律制度，实行"变法修宪"，始将西方的检察制度引入中国。public prosecution 的原意为告发、检举、指控、公共起诉。然而，修法大臣沈家本等人在起草我国法律时，没有将英语的 public prosecution 直译成"指控"或"公共起诉"，而是创造性地将其翻译为"检察"，其原因在于西方的检察制度特别是清廷所主要借鉴的法国、德国、日本等国的检察制度，其检察官都履行对刑事案件提起公诉、监督、指挥警察侦查和监督法官审批等职能，这既与"检察"一词所包含的"检视、查验"、"检举、

---

[*] 广州市人民检察院检察长。

制止"的意思相近，又与我国封建社会御史的职能具有一定的相似之处。可见，修法大臣的这一翻译，既揭示了西方检察制度所蕴含的"指控"、"监督"的内涵，又传承了我国封建社会御史制度"纠察百官、监督狱讼"所蕴含的"监督"内核，可谓"神来之笔"。（摘自《检察学》，朱孝清、张智辉著）

"检察官"是指依法行使国家检察权的检察人员，包括检察长、副检察长、检察委员会委员、检察员和助理检察员。"检察官"是检察权行使的主体，是检察院工作人员的重要组成部分。从 2001 年开始，检察人员要通过国家统一司法考试取得资格，要通过严格考核，从具备《检察官法》规定的 6 个条件的人员中择优提出初任检察官人选；取得初任检察官资格后，达到规定的年限，根据检察官的职数，并经过严格的程序才能任命为正式检察官。助理检察员由本院检察长任免；检察员、检察委员会委员、副检察长，由本院检察长提请本级人民代表大会常务委员会批准任免；检察长由人民代表大会选举和罢免，并报上一级人民检察院检察长提请该级人民代表大会常务委员会批准任免。"检察官"的级别分为十二级。"检察官"的职责：（一）依法进行法律监督工作；（二）代表国家进行公诉；（三）对法律规定由人民检察院直接受理的犯罪案件进行侦查；（四）法律规定的其他职责。

"检察官札记"，是《新快报》新开辟的专栏，用以刊登广州市检察机关检察官在履行职责时的心得体会，正如清王筠《菉友肊说》："或学而有得，或思而有得，辄札记之。"

2013 年 10 月

序三 为广州检察官开专栏叫声好

曾德雄[*]

广州检察官在《新快报》上开专栏，这不禁让人眼睛一亮。

长期以来，我们似乎有两套话语，一是公共话语，二是私人话语。公共话语充斥着假大空，滔滔不绝却不知所云，完全看不出真情实感，甚至连情绪也不得而知，表情也无一例外地千人一面。多年前，西安一位老师说过一句话让我难以忘怀：很多官员在私下都是自由主义者（主张权利、自由、民主），而到了台上马上换了一副脸孔。自由主义好不好先不去管它，公共话语与私人话语之间的巨大反差则是客观存在的。

公共话语与私人话语之间的巨大反差、割裂，其实是体制与社会的脱节、错位，而且两者之间成正比。有一种说法，一个惯于说谎的人可以无恶不作，因为所有的恶行他认为都可以靠谎言来掩盖，这种想法使他失去任何的道德自律，人性之恶于是如溃坝之水一泻千里，毫无阻隔了。对于个人来说是如此，对于一个体制而言同样如此，这么多年我们见到了无数人前豪言壮语人后大肆贪腐的官员，其症结往往就在这里。

现在，终于有人要出来说真话了，而且还是神秘威严的

---

[*] 广州市人大代表。

检察官。一直以来，公众对检察官一是不了解，二是有点敬畏。但这种状况已经有了很大改善，主要得益于杨斌检察官，她让我们看到了检察官的另一面，他们也有血有肉，也柔情似水，也人性善良，不像平常人们心目中国家机器惯常的威严、冷酷。这使人们对他们产生了不少好感、信任，也让人们心里踏实了不少，增添了很多安全感。

专栏名字叫"检察官札记"，正如王福成检察长在"开篇语"中说的："用以刊登广州市检察机关检察官在履行职责时的心得体会。"心得体会就是心里话了，这让人们充满期待，一是可以深入检察官的内心世界，分享他们的所见所闻、所思、所感；二是连头顶国徽、神秘威严的检察官都放低身段、打开心扉，公开讲出自己的心里话了，其他的那些官们是否也当效仿一下呢？即便做不到像检察官们这样开专栏，至少也要在日常的公共话语中少点冠冕堂皇、装腔作势，多点真情相告吧——你们同样是人民在养活！

2013 年 10 月

目　录 ———————— CONTENTS

检察人生

检察生活感怀

办案深切感悟

留在记忆深处

严法柔情

那些温暖的收获

前车之鉴

身边的"典型"

检察官札记

检察官札记

沉重之思

检察官札记

检察人生

让有罪者认罪　为无罪者正名

廖荣辉

　　2011 年 8 月中旬，广州市人民检察院成功起诉了被告人
庾某某等 26 人组织、领导、参加黑社会性质组织一案。这
股黑恶势力作案时间长达十年，横行乡里，称霸一方，公然
与农村基层组织对抗，被全国"打黑办"三次挂牌督办。由
于案件涉及的被告人众多，犯罪事实复杂，作为公诉人连续
五天夜以继日开庭，经受了体力、舆论压力和专业水平的多
重考验。记得庭审结束后，一位辩护律师在微博中写道：
"所有人都累，不过最累的是律师和公诉人……"

　　检察工作又岂止是一个"累"字！二十多年检察生涯，
我最深的体会是：司法是社会正义的最后一道屏障，检察官
是法律的守护者，责任重大，人民群众期盼殷切，容不得丝
毫懈怠。就拿这起黑社会性质犯罪案件来说，无数双被害人
的眼睛在盯着我们，热切盼望检察机关擎起法律利剑，惩恶
扬善，还人民群众一片祥和安宁。黑恶势力十年作恶，浓缩
成法庭上五天的鏖战，公诉人一字一句、揭露犯罪，无一不
是汗水和心血的结晶。

　　法庭上慷慨陈词、控诉犯罪仅仅是检察工作一个环节。
庭前庭后大量艰苦细致的工作才是构筑正义的基石：检察官
有时需要调查取证，那就是侦查员；审查过滤案件，根据案
件事实和法律规定，决定是否逮捕犯罪嫌疑人，是否把犯罪
嫌疑人送上法庭，那就是站立的法官；在法庭上用证据说
话，还原事实真相，代表国家指控、证实犯罪，那就是公诉

人；尊重客观事实和程序，监督有关机关依法办案，那就是法律监督者。

人民检察官不仅是法律工作者，还要做"人"的工作，是群众工作者。办案过程中，秉承悲天悯人的人道情怀，去教育、挽救和改造犯罪分子，帮助当事人之间化解积怨，既解"法结"也解"心结"，关注社情民意，努力实现案结事了人和。

近年来陆续曝光的佘祥林、赵作海等重大冤错案，罪及无辜，对当事人造成不可弥补的身心伤害，对司法公信力造成了严重的损害。一位哲人说过："刑罚是一把锋利的'双刃剑'，用之不当，则国家和个人双受其害。"广州检察机关始终将案件质量作为检察工作的生命线！记得有一句法律谚语：法律事实永远不是真相，只能无限度地逼近真相。检察官要做的，就是探寻时空中留下的犯罪痕迹，由表及里，去伪存真，让有罪者认罪，为无罪者正名，坚决守护社会的公平正义！

庭外幕后，公诉犹如烹佳肴

黄昌用

2011 年，我参与办理了庾某某等 26 人组织、领导、参加黑社会性质组织案件。审查案卷期间，一件必须进一步核实事实证据难住了我们：根据案卷材料反映，该组织与其他恶势力一次火并时，其中一名成员被打伤头部送往医院治疗，由"组织"给付医疗费，目前该人的姓名不确实。姓名不确实，证据就有疏漏。为核实这一事实情节，我们到案发地辖区派出所查阅了近三年的报警记录，希望从中能寻找到一丝线索。工夫不负有心人，一份类似的报警记录引起我们注意，该报告显示伤者被送镇医院治疗，但没有伤者的资料，仅有报警人的姓氏。随后，专案组到镇医院未能核查到相应的诊疗记录。

证据核实在这一环中断了。经过探讨，专案组决定根据伤者的伤情特征，在附近的南方医院、三九脑科医院等大型医院逐一核对诊疗记录——这个工作量很大，但是，这是核实这一关键证据的唯一办法了——经过近一周的辗转，我们最终确定该名涉案组织成员的真实姓名，进而核实了相应的犯罪事实！在法庭上，这一证据有力地指控该团伙犯罪确实是黑社会性质的组织犯罪。

记得曾从电视节目上看过星级厨房烹调精品佳肴的介绍，在每道菜式呈现在宾客面前之前，历经无数的准备工作，从市场选料到加工、配菜、调料，再到炉灶的准备等，最后由掌勺师傅对烹调火候、时间的掌控，以满足宾客对菜肴的色、香、味的感官追求。

公诉工作犹如烹调佳肴，过程一丝不苟，来不得半点马虎。从我们受理案件开始，就要对案件所涉及的所有材料、问题进行梳理、审核，引导侦查部门有针对性地侦查，必要时直接进行调查核实案件的相关事实和证据，为提起公诉做好事实、证据和法律适用的准备。这要求公诉人"坐"得住，静心审查；又能"跑"，勤于核实事实和证据；更要"合伙"，不分部门、单位内外，精诚合作，互相配合，共同完成指控犯罪的使命。办理大要案更要如此。本案这种"柳暗花明又一村"的情形，作为我们公诉人，经常会遇上，也会带给我们欣慰的一笑。

除了金钱，还有更宝贵的东西

熊发南

由于职责所在，我经常应邀到相关单位讲廉政法制教育课。但凡讲这类课程，我都会引用同事所写的一篇小文章作为典型案例教育他人——人，除了金钱，还有更宝贵的东西值得去珍惜。文章是这样写的：

"……在到处喜气洋洋、喜迎新春佳节的时候，我和科室的同志走向归家似箭的人流中，踏上追捕的征途。我的任务是跟踪在逃案犯周某的妻子，从黄埔跟踪到番禺，从番禺跟到火车站，从火车站跟到湛江。周某的妻子带着 10 岁左右的小女儿，提着大包小包的行李。一路上，我清楚看到，她活泼可爱的小女儿，在她身边左蹦右跳，欢呼雀跃。这情景给我内心带来很大的冲击，因为我清楚地知道，一张无情的法网，正向他们悄悄地罩来，这次团聚，对这个无辜的小孩来说，可能是她人生中遇到的最大的不幸，对她父亲来说，意味着法律惩罚的到来，意味着骨肉分离。

我真希望，每个小孩都有一个无忧无虑的童年，过年了，每个人都能够与亲人团聚，但是，任何的同情都无法妨碍侦查工作的进行。这，或许就是善有善报、恶有恶报。

在抓获周某押回广州，审讯完毕之后，回到家已经是大年三十了，我匆忙赶到花市，买了一盆橘子回家，一盆橘子已经足以表达我对心爱家人的新年美好祝愿。因为在对人生一次又一次的深刻感悟、在对人生价值一次又一次的深刻理解之后，我对物质上的追求已越来越简单。"

　　我相信，一个人只要还有感情，只要对家庭还负有责任感，在看了这篇文章之后都会有所感悟。我们每一个人都需要金钱，但除了金钱之外，我想，还有很多东西值得我们去珍惜。有许多腐败分子身陷囹圄才幡然醒悟——相对于人身自由、天伦之乐，金钱、地位都是浮云。

　　某财政投资评审中心副主任丁某，大肆受贿，包养情妇，声色犬马，他银铛入狱时说："下班后，陪妻子一起买菜、做饭，饭后陪父母在江边散散步，旁边跟着蹒跚学步的小孩，回忆那些日子，才是最幸福、最快乐的。"这些话值得我们去深思、去掂量，尤其是那些有以身试法念想的人。

在日本旁听庭审

陈国坚

有幸去京都地方裁判所旁听了数宗刑事案件的庭审。裁判所门口有一个法警，不需出示证件便可进入大堂，大堂也只有一个值班法警。大堂休息室的录像设备反复播出模拟刑事案件审判过程的录像。观看后，对审判程序就有一个大概的了解，算是该国的普法教育，方便了我这个不懂日语的中国检察官。我选了两个抢劫案、一个盗窃案的庭审旁听。

由于日本是大陆法系国家，它的审判程序与我国大抵相同。其情景是控辩双方到庭，被告人由庭警押至法庭，裁判员进庭，全体起立，坐下后依程序进行。

通过此次听审，给我留下了几点特别的印象。首先，日本的民众较关注刑事案件。旁听席上除了家属外，近20个旁听者都认真听审。有的还做笔记（其庭审允许记录，但不允许拍摄及录音）。

其次，法庭的布置凸显控辩双方之对抗性。检察官在裁判员席的左侧，被告人及其辩护人在右侧，中间设被告人和证人回答的发言位。检察官和辩护人都站着发言，这可令旁听者集中精神。

再次，被告人的合法权益得到保护。案件不论大小，国家都可提供法援服务。我所听的案件中，虽然案值不大，被告人认罪，但都有辩护律师出庭为其辩护。

最后，法庭调查中，案件发生原因和被告人今后的出路成为关注的问题。我见到为证实被告人是因没有零用钱去玩电子游戏机而实施抢劫，其母亲出庭作证，证实她儿子工作的收入都交其作家用。亦听见裁判员在问有前科的被告人为何重新犯案，此次处罚后会不会重犯，以后怎么生活之类的话。但我觉得预防犯罪不仅是司法人员考虑的问题，政府、决策者在社会管理、资源配置、收入分配、道德文化教育等方面，都应融入这个元素，才能有效地防止犯罪的产生。

通过听庭，我深感国情、地域、风土人文之不同，造成了在追诉犯罪方式方法上的一些不同。但不同的社会司法活动目标，无不是在追求公平、公正和效率。

从"检查院"到检察院我们还需努力

王　琰

　　我所在的检察院有检察官轮流在接访室接待来访群众的传统。一天，轮到我接访，有位中年女性抱着一个六七岁的孩子，火烧火燎地走进接访室："同志，儿科在几楼？"我接访的招牌微笑顿时凝固了，拍拍脑袋说："您好，我们这是检察院，您要找的是旁边的卫生防疫站吧？"该女士很震惊，问道："检察院不就是检查身体的吗？"

　　接访工作轮了几年下来，我们遇到形形色色的人。但遇到最多，也最让接访检察官无言的其实就是这一种，而且几乎每个人都遇到过好几次。虽说这和我院所处的地理位置有关——附近就有卫生防疫站，我们平均每天接访 10 个人的话，有 2 个是来检查身体的，有 4 个说是要提民事诉讼的，还有 4 个才是奔检察院的本行工作来的。但究其根本，还是检察院似乎离老百姓很远。

　　网上曾有知名学者就法官是否应该穿法袍打口水仗，其中提到，法官穿法袍是司法神秘的体现，是司法脱离群众的体现，必须反对。对于两位学者间的口水仗，我们不便介入，但是司法神秘的问题，却让人想到了如今检察院的现状。

　　检察院是我国的法律监督机关，也就是监督国家法律能否正确实施。但正是由于司法神秘的存在，由于检察机关的各个工作步骤、工作流程与社会直接接轨的不多，导致了群众对检察院不了解，进而影响到检察院实施法律监督的实际效果。

  其实在检察院工作的同志们都知道，和周围的朋友交流，他们大多都不能清楚地说出检察院的具体职能。群众最熟悉的莫过于反贪局和出庭的公诉人，对于反渎职侵权、民事行政检察、监所检察等职能也只是略知一二，大多数人搞不清它们之间的关系。所以，提高检察院的公众了解度，实际上是提高检察机关法律监督力度的最重要环节之一。

  近年来，我省检察机关开展"阳光检务"活动取得了一些成效，其基本目的应该也在于此吧。也正出于这种考虑，我认为如果能够在可能的范围内，进一步提高检察工作的开放度，增加群众与检察工作的互动和参与度，检察院也就不会再被误认为是"检查院"了吧。

用心融冰

刘　君

　　天空中，薄薄的云雾轻抚着月牙儿的脸，在昏黄的路灯下，我们目送着信访人张女士离开。我看了看手表，已是凌晨时分，四周的居民楼只剩下几点零星的灯光。在一楼信访接待室门前，我深深地长舒了一口气，一颗揪着的心终于放下。回想起过去十几个小时的息诉罢访工作，可以说是筋疲力尽，但是信访人离开时的一声"谢谢"道出了对我们工作的理解。紧张和疲惫，就像天上的薄云，刹那间消散了。

　　但是，张女士的遭遇也确实让我们深感同情，她因为相信"前男友"而让其把资金全都投资在股市上，由于操作不当，资金所剩无几，最后"前男友"连人也不见了。用她自己的话来说，就是被骗了感情也被骗了钱。但由于证据不充分，我们不能将她口中这"罪恶滔天的坏人"绳之于法，只能建议其通过民事诉讼来维护自己的权益。现在我们所能做的，只能是站在她的角度，感同身受地去体会她的处境，耐心地听她诉说，然后用我们心中的热忱，一寸一寸地去融化她心中那堵阻隔双方真诚交流的冰墙，才能让她明白我们所作的决定是在严格执行法律，而不是她所认为的错误和偏袒。

　　她，一个瘦瘦小小的女子，发丝有些凌乱，满脸的倦容，可见为了这宗案子伤透了心，费尽了神，但是眼前暂时的结果她难以接受。时间一分一秒地过去，我们的释法说理还在继续，她也从最初充满怨气的斥责，到随后紧张关切地询问，再到后来不能自已地哽咽……"我这样做也是迫于无奈啊，不是存心想耽误你们的时间，希望你们能够理解我们被害人的心情。"那堵冰墙终于在我们不懈的坚持下融化了，化成了那带着歉意的泪水。

为每一位信访人打开心中的结，尽己所能解除他们心中的烦忧，最大限度减少不和谐因素，维护法律的公平与正义，我们任重而道远……

一张告知函很轻，却很重

谢 莹

那天，我正在收拾材料准备下班，却接到一个电话。一位先生焦急地问："我们企业需要参加一个招投标，明天早上就要开标了，我想现在就过来递材料办理无行贿犯罪证明，能马上拿到吗？我第一次办理不懂所以拖到现在，请您帮帮忙吧……"经请示领导同意，为他迅速办理了查询，企业顺利拿到了告知函。

在日常工作中，几乎每隔几天就出现有企业需要我们特急出具告知函的情况，按照规定检察院只需要三个工作日内完成查询告知即可。我深知这个告知函虽然只有薄薄的一张纸，背后却承担了企业可能千百万投标的标的额，没有了这个无行贿犯罪证明，他们就被挡在投标的大门之外，这样的损失都可能是企业不能承受之痛，可能会导致企业倒闭、破产，而背后又有多少员工失业，家庭生计出现困境……所以，面对这种要求，即使规定上我们没有即时出具的义务，但只要企业符合申请条件，我们都尽量满足他们的要求。因为立检为公、执政为民，为企业保驾护航是我们应该做的，也是必须做的。

这项工作只是综合预防科很多项工作的一种，这里没有与犯罪嫌疑人的面对面接触，也没有与律师在法庭上的唇枪舌剑，但是，这里有预防职务犯罪、服务社会大众、构建社会诚信体系职责。其实，检察工作不只是办案才能体现人性关怀。

守住一辈子的清廉

陈　虹

时间：2月28日（星期二）天气：阴 心情：沉重

今天去看守所提审涉嫌受贿罪的杨某，很顺利。杨某认罪态度很好，也诚心悔罪。提审结束时，杨某向我提了一个案外的问题："如果他们（指行贿人）第一次送给你，你拒绝，第二次送给你，你还拒绝，第三次送给你，你仍然拒绝，然而他们一而再、再而三，不断地通过各种途径找到你，你还能拒绝到底吗？"我愣了一会儿，随即作出了肯定的回答。

被告人杨某是一地级市最大国有企业的厂长，全国五一劳动奖章、省市人大代表、省劳动模范等光环笼罩，被工人称为"布尔什维克"，一个骑着单车上下班的国有企业老总，无数次地拒贿却最终因一"朋友"数十次"不达目的不罢休"地行贿而被动收受贿赂，导致前功尽弃。

在目前物欲横流的社会，权力面前要守住一次清廉容易，要无数次甚至一辈子坚守清廉的阵地、永远关闭腐败欲望的大门就不是每个人都能做得到的。

许多年来，为净化权力环境，各种有关廉政的制度和举措频频出台，惩治腐败的力度也日日加剧，然现实中腐败却似呈顶风之势，犯罪级别和金额常高位运行。细究腐败原因，制度的不完善、权力的真空等均乃外因，权力主体的自身失控、失律乃是腐败高发的内因和根源之所在。

求财是人的本能，关键是要看得透权力。权力是人民赋予，权力不是因你存在，更不是为你设计，使用权力也只是你工作和谋生的手段，要明白一旦失去权力，那你就什么都不是。行贿人求的是你的权力，别以为真拿你当朋友和哥们儿，"有钱使得鬼推磨"、"我叫他干啥他就干啥"，便是行贿人对贪腐者人格的真实侮辱，所谓"我出钱你出灵魂"便是最好的诠释。

求富是人的本能，重要的是要守得住本分。记得一位领导对新入职的公务员说：守不住清贫、要想发财的，就不要跨入机关的大门。君子爱财，人之本能，本无可非议，谁都不愿做苦行僧。然贪腐之财来敲门时，就要权衡自我得失，不以牺牲自由、幸福和目前利益为代价，不断砌实心中最后的防线，才能守得住本分，守得住真正的自由和幸福。

求利是人的本能，要紧的是要算得清成本。记得香港一著名公务员曾经说过这样一段话，意思是如果她在职时无廉政投诉，退休后她可享受到巨额的廉政奖励，要行贿她，除非数倍于这个数额，否则就别打她的主意。从某个角度来讲，虽然这个举例不是很妥，但她告诉我们要学会计算腐败成本。当遭遇贪腐之利时，就要拿一时贪利与一世可得利益作实质性的 PK，看清孰轻孰重，这样才能真正从心灵上战胜自己。

一句简单的问话警醒人——检察人，守住自己的法律底线，守住一辈子的清廉。

通往公正的另一途径

韩 璐 许立群

最近，我办理了这样一起案件。

申诉人宋某的儿子就读于白云区某学校一年级。宋某委托学校接送儿子上学和放学，不料某日宋某的儿子下车过马路时，发生了交通事故，被大货车碾压致死。宋某痛失爱儿，遂向法院提起人身损害赔偿诉讼，要求学校承担赔偿责任，但因律师把当时没有办学许可证的学校列为被告，而不是将学校的开办者列为被告，导致一、二审法院均以被告主体不适格为由驳回起诉。

宋某到我院申诉后，在办理该案过程中，我们先对宋某进行释法说理，并以检察建议的形式建议学校的主管部门——区教育局注意该事件的事态进展情况，妥善解决问题，防止社会矛盾激化。区教育局收到我院发的检察建议后，非常重视，积极配合协调工作，通知学校的负责人按时到我院配合调查。

多次交谈后，我们了解到申诉人有和解的意向，又与学校的负责人多次约谈，指出他们双方在此次事件中均有过错，再拖下去对双方造成的损失更大，通过分析利弊，摆事实，讲道理，解释相关法律、法规及现行政策，让当事人对案件的处理结果作出较为合理的预期判断，消除了当事人的各种顾虑，促使他们达成了协议，自愿和解息诉。

公正实现的方式有很多种，不是所有的案件都必须经过诉讼获得判决，有时换一个途径也可以获得公正。

为了那一抹纯真的笑容

胡 冰

"……判处被告人李某有期徒刑 8 个月，并处罚金 1000 元……"熟悉的宣判场景，不一样的宣判结果，只是这次不是在法院的审判庭，而是在某学校的图书馆里。

来到从化市检察院已经快四年了，作为办公室的一员，这四年来我多次参与到青少年法制教育宣传行动中去，走过了从化大大小小十几间学校，接触到的学生有几千人之多，像这次的公开庭审活动每年我们院都要进行多次。面对这种新颖的法制宣传方式，学生们总是热情满怀，不仅房间里坐满了人，甚至连外面的走廊都挤满了"蹭听"的小脑袋。当"被告人"被押上来的时候，就听到下面的学生窃窃私语："看，真的手铐啊！"当听到宣判结果时，下面又传来了："8 个月啊，太不值得了……"庭审结束了，好奇的学生们还围着我们检察官不停地问各种法律知识，这次活动也达到了我们预期的效果。

这四年来，每每看到那些气势凌人的"非主流"小青年，那些挥舞着拳头的小"老大"，那些法庭上流下懊悔眼泪的被告人，我的心总会感到一阵疼痛。这些学生终日生活在单纯的世界里，对于法律他们多数只是一知半解，很多时候他们提出的问题简单到让你发笑。但也就是这些孩子，义气当头，热血沸腾时，浑然不顾身边的一切，只记得挥舞着手中的利器，冷酷地砍向对面的"仇人"，待到面对冰冷铁窗时才露出恐慌绝望的神色，可此时却早已无济于事。

那些铁窗内的孩子们，他们本应在知识的海洋里遨游，可如今却身陷囹圄不得自由，他们本应无忧无虑在草地上奔跑，可如今连最后一抹纯真的笑容也离他们而去，徒留迷茫的眼眸、瘦弱的身影和那叮当作响的镣铐声。而此时，纵有千般无奈，万般悔恨却也只能默默流下眼泪。

还记得以前去一所中学开展法制宣传活动，一个满面愁容的小女生犹豫着走过来小声对我说："检察官姐姐，我有一个朋友……"我和那个小女生关于她那个"朋友"聊了一个小时，从破碎的家庭到心中的孤独，从朋友的背叛到内心的憎恨……慢慢地，小女生又露出了纯真的笑容，甜甜的就像糖果一样，我不知道这抹笑容可以持续多久，如果可以，我真的希望是永远。

身为检察官，身为法律的监督者，我们有必要也有责任为那些迷失的孩子在黑暗中点亮一盏法律之灯，不为其他，只为那一抹纯真的笑容。

渎职犯罪者，你并不冤枉

刘　强

那天一早，我和同事又来到看守所，提审因为玩忽职守而被拘留的犯罪嫌疑人黄某某。对于一位检察官而言，提审是再正常不过的事了。我自己也记不清自己是多少次走进看守所的大门，或者与犯罪嫌疑人进行智慧和意志的较量，或者与犯罪嫌疑人进行坦诚的交流，或者对犯罪嫌疑人进行一些人性化的关怀。但是，那天的提审和以往略有不同，我们面对的是一位因为玩忽职守而拘留的犯罪嫌疑人，他所触犯的罪名，是并不多见的。

不管是在公安机关移送审查起诉的案件中，还是检察院自侦案件中，玩忽职守类案件所占的数量都是不多的。此类案件的发生和查办都有其特殊性：犯这类罪的人，都是手握公权的国家机关工作人员，有比较高的文化程度和反侦查能力；在查办此类案件中，有业内普遍认同的"四难"，即发现难、立案难、取证难和处理难。不过，最让我感到困惑的，并不是案件本身在查办过程中的花絮，而是想了解作为一个人生经验十分丰富、有着几十年党龄，在实践中一步步成长起来的黄某某怎么会去犯玩忽职守这类错误。我在想，任何现象或者个人都不是孤立的，既然出现了黄某某，就必定存在一定的普遍性和代表性。从事检察工作的人都知道，在众多的职务犯罪罪名中，贿赂类犯罪是犯罪率最高发的犯罪，从发生机理来看，贿赂类犯罪多是因为贪欲，而玩忽职守又是因为什么呢？

正当我的思绪还在继续，黄某某已经被管教带到了我们的面前。短短的几天时间，我分明看到黄某某的胡子长得超乎寻常的快，眼神也十分的迷茫，显得十分无奈的样子。一番寒暄之后，当问及为何要玩忽职守时，他苦笑着说道，其实像他那样的行为，其他同事也是有的，不过很多人比较"好彩"，在工作上虽然偷工减料了，但是没有造成法律规定的后果，所以得以避免牢狱之灾，并且在认识里，一直认为只有贪污和受贿才算腐败行为，只要没有钱进袋子，最多就是内部处理解决而已。他虽然没有明说自己冤比窦娥，但是我已经分明感受到他对自己的境遇十分不满。但是面对他玩忽职守的事实和造成的严重后果，我只能告诉他，按照法律规定，他其实一点也不冤枉，希望他能够正视自己的问题。

经过一段时间的交流，抵触虽已消减，但是我依然能感到他尚未完全消除的抱怨。走出看守所之后，深感作为一个从事渎职侵权案件的侦查员，要使情、法、理融合在一起，让犯罪嫌疑人从内心服法是多么不容易的事。

他在驻所检察官面前开了口

刘史任

　　驻所检察官需要在审讯区域监督审讯过程，防止刑讯逼供或者违规审讯的情况发生。在看守所巡仓的时候，看到一位公安机关的预审员在审问一犯罪嫌疑人，嫌疑人长得蛮斯文的，但始终不开口，板着脸孔，目不斜视，像在沉思，又像在有意作对。预审员见到检察官站在旁边，就对我说："这个家伙冥顽不化，不肯讲真名真姓也罢了，还用假名假地址来蒙混，你说气不气人？"

　　我用非常坚定的口气对这个犯罪嫌疑人说："我是驻所检察官，你有什么心事尽管跟我们说，好不好？"

　　见他没有反应，我便拍拍他的肩膀说："喂，小靓仔，我看你这么年轻，你就不想你父母了，不想家了？如果你不讲身份地址，人海茫茫，天阔地大，警察到哪里去通知你家人？如果不能尽快通知你的家人，你父母也许到处找你，到处张贴寻人启事，你想想看，你父母一把屎一把尿把你养大，如果找不到你，他们该有多伤心啊！这个问题你考虑过没有？你现在在监仓里成了无名氏，如果你的权利被别人侵犯了，谁来保护你？因为我们都不知道你是谁。如果你相信检察官，你就应该把真实身份讲出来，你父母也好去为你聘请律师为你辩护。你看过武侠小说没有？你看那些大侠们行不改名坐不改姓，在出招之前还要对方报上名来，男子汉大丈夫，敢作敢为，姓名还不敢讲，这哪像是英雄，简直就是狗熊。说吧，你有什么顾虑都说出来。"

没想到，这一席话竟让他的泪水都涌了出来。他一边擦眼泪一边说："我叫张伟刚（化名），今年21岁，家住……"

事后，按常例我进行了回访，我问他为什么以前不肯讲真实身份？他说，自己犯了罪，觉得没脸见家人，也不愿让家人知道，另外，同案犯也跟他说过，如果暴露了真实身份，就要对他的家人进行报复。我又问后来为什么又说了呢？他说，他觉得我讲得很有道理，话语里全是在为他着想，所以他就信检察官了，全都说了。

此时我也明白了一个道理，所谓"动之以情，晓之以理"，所谓"有针对性地教育"，应该如此吧。

说或不说，真相都在那里

郑 明

　　他曾是个有审批权的部门负责人，但现在是一个渎职罪案的犯罪嫌疑人。座椅上横搭着的小木板束缚了肥硕的腰身，他不时地变换坐姿，双手交叉放在胸前，像守护着什么。虽然他只是整个非法审批链条中的一环，但大笔一挥，已造成300多万元的经济损失。

　　他的位置决定了他在这链条中起着承上启下的关键作用。在被问及关键问题时，他总是装聋作哑，沉默抵抗。我的搭档老刘猛地吸了最后一口烟，用力撸灭了烟蒂。他突然走下讯问台，冲到了犯罪嫌疑人面前，我赶紧跟上去，从后面扯了扯他的衣角。"理性、平和、文明、规范"，这八个字瞬间闪现在我的眼前，这是检察院的清规戒律。"好好想清楚，说不说随你！"老刘的右手用力一挥，像把剑似的从犯罪嫌疑人面前划过，他迅即转身，一甩门，走了。我的担心是多余的。

　　取证难是查办渎职罪的"三难"（发现难、取证难、处理难）之一。在这类案件中，因犯罪嫌疑人多是高学历、有实权、阅历多、见识广，所做的工作多有较强的专业性，因而反侦查意识和对抗能力都比较强。眼前这个犯罪嫌疑人便是这样的：我就是不说，你又能奈我何？

　　审讯已陷入僵局，如果在有限的时间内无法突破案情，则不仅前期的苦心经营付诸东流，而且后期的相关工作也将无法开展。想到这些，我心乱如麻。

　　我一边竭力克制住自己的愤怒，一边苦心搜寻案件材料中犯罪嫌疑人留下的破绽，必须找到他的软肋。

　　我想起了香港廉政公署的某个经典案例，侦查人员因为发现了账本上记载的数字之间的潜在联系，从而用数学公式破解了罪犯隐秘的作案模式。在反复查看本案之中现有的证据时，我忽然意识到这些证据里还有很多"盲点"，我们却已经匆忙上阵。古人说，知己知彼，百战不殆，诚不我欺也。

　　当我们将这些"盲点"如挖地雷般一个个攻克下来，把厚厚的书证一一摆放在犯罪嫌疑人面前，当我用专业的语言阐释他如何滥用审批权时，当我们再次敲击他那些关键的"节点"时，他终于忍不住了："你们说的对，我现在愿意都说出来。"随后，他深深地呼出了一口气，如释重负。

　　对决最终完胜，但余思未尽。犯罪嫌疑人的供述虽然是重要证据，但决不可过分依赖，尤其对于渎职犯罪案件，如果有了充分的书证，那么，说或者不说，真相都在那里。这是我们想要的境界。

公诉以外的价值

林　兰

接到何晓天（化名）交通肇事一案，与其他经办案件相比，它只是一个不起眼的小案而已，在例行审查起诉工作后就移送法院提起公诉了。可一天上午我在办公室收到的一封来自他妹妹的求情信及学校的一份证明，却触动了我。

原来何晓天家境非常贫寒，他是家里的顶梁柱，现在已身陷囹圄。妹妹何晓芬（化名）即将考大学，没了哥哥的经济支援，这个从未言弃的大学梦似乎马上要破灭了。

或许是这封信打动了我，我首先想到的就是帮她一下。于是我马上联系了代表学校写证明的班主任黄老师。三天后，我、小廖和小陈一行三人驱车一个多小时，终于找到了何晓芬就读的学校。何晓芬清瘦而朴实，虽然只有 17 岁，但眉目间却凝聚着沉重，见到我们，她显得拘谨而不安。

为了充分了解其家庭情况及哥哥何晓天以往的表现，在我们的要求下，她带我们回家看看。一路上，我们与她闲聊学习和生活，小女孩很快就放松下来，展现出乐观和开朗，她说从没有因家境贫寒而自暴自弃，而正如她信件中所描述的，母亲是"体弱多病又聋又哑的苦命人"，所住的房子"每逢风吹雨打就会四处漏水……"村委干部评价她哥哥何晓天"不善言辞，为了家庭埋头苦干"。

回来后我们将她的情况一讲，全科同志都踊跃报名捐款，从主管检察长到其他科室的同志都积极参与，共捐资1500 元。另外我们向法院发出量刑建议，并将被告人何晓天的家庭情况向法官充分说明并获得了支持，3月5日，法院当庭宣判，以交通肇事罪对何晓天判处拘役4个月。这样算来，他很快就可以出来与妹妹、母亲团聚了。

当天我们将这个判决结果和捐款送到何晓芬手中时，她的眼圈湿润了。4月23日，当我到办公室时，见到放在桌上的另一封信件，字迹是那么熟悉，信中她的感激之情跃然纸上。

虽然这只是我多年办案中的一件小事，但却有太多的感触。我想说：虽然我们每天像机器一样不停地运转办案，虽然法律是冰冷的，但我们的心始终是暖的，不但被害人需要我们办案以外的关怀，被告人及他们贫困的家人同样需要我们给予关爱。在案外做一件小事，却可能改善一个家庭，改变一个人的一生。

以真心换真情，用真诚感化心灵

罗素君

5 月的一天，我突然收到一封来自花都区看守所的信。这是我办理的一宗诈骗案中的犯罪嫌疑人黄某写来的。信上说："君姐，自这次案发后，我没有得到过任何一位亲人丝毫的帮助和关心。我对未来感到非常的迷茫和绝望……但是你的出现，让我重拾了面对未来的信心和勇气，遇上你这么公正廉明的检察官是我的荣幸。"

这是一起特殊的诈骗案。今年 28 岁的被告人黄某，来自广西兴业县，其自 2009 年 9 月至 2010 年 7 月期间，先后向江某借得人民币 120.5 万元用于双方共同炒外汇。其间，黄某通过网络申请注册的方式向美国环亚汇市公司投资，共投入人民币 85 万余元。后黄某以将上述全部借款投资全部亏损为由，实际骗得江某人民币 35 万余元。本案的外汇交易全部是通过网络交易平台进行的，公安机关提取的网络交易记录是否真实、是否完整，对于本案的定罪以及犯罪数额的认定，至关重要。

记得第一次审讯黄某时，审讯室中的黄某言谈偏执、神态傲慢，对于诈骗事实百般抵赖、拒不认罪。我查阅大量相关资料和书籍及向专业人士请教后，决定再次审讯黄某。

审讯时，我将证据卷中两册厚厚的交易明细清单交由黄某逐项辨认、核对和签名确认。酷热难耐的审讯室里，我认真地审核黄某确认的每一项交易明细，耐心地听取黄某的每一次辩解，细心地做好说服教育工作。审讯结束时，已经疲惫不堪的我正在收拾案卷，"扑通"一声，黄某跪在了我面前，声泪俱下："罗检察官，我觉得这样认定诈骗数额是合理的，相信你这么负责的检察官绝对不会冤枉我，我自愿认罪。"最终，黄某因犯诈骗罪获刑 8 年，黄某表示服判不上诉。宣判完毕，我开导黄某："你还很年轻，未来的路还很长，希望你在狱中好好改造，争取减刑早日回归社会。"黄某哽咽着望着我，顿首示谢。

在我看来，公诉，不仅是简单地办案，它还是一门塑造社会和谐的艺术。一名优秀的公诉人，应该以办案为载体，通过多种方式把释法说理、化解矛盾、正确引导当事人合理诉求、依法维护诉讼各方的合法权益贯穿到执法办案的全过程。

左手正义右手温暖

韩　璐

　　曾经刚刚接触公诉工作的我，在面对丑恶与暴力、阴暗与不幸时，曾不止一次地告诉自己，我要用法律捍卫正义，用刑罚去惩治那些冥顽不化的灵魂。于是，在苦难面前，我选择了超脱，在忏悔面前，我变得格外平静。

　　然而，一桩案件的办理让我对自己产生了怀疑。犯罪嫌疑人陶某是两个孩子的母亲，她因为不堪忍受工友的殴打而持刀片将其割伤。审讯中，我循例问她是否愿意对被害人作出赔偿，她坚定拒绝的态度引发了我的好奇。一番详谈后，我了解到，原来陶某的儿子患有严重的肾病，经年的寻医问药已经使家里贫困不堪，而自己被羁押对这个原本就不幸的家庭来说更是雪上加霜。就在陶某一边流泪一边控诉被害人的种种恶行以及长期以来对她的欺凌侮辱时，我突然疑惑了。一直以来，我以为作为一名公诉人，我的职责就是将犯罪嫌疑人送上被告席，但我却没有认识到，如果判罚不能让被告人信服、不能让被害人心安，公诉人又能凭借什么来捍卫法律的尊严？又如何能让人感受到法律的威严？

　　陶某一案让我对自己的工作作了深刻的反省：成堆的案件让人变得务实，也会让人变得漠然；当思维越来越像法律人的时候，我发现我的判断似乎正远离普通人。在追求法律的正义时，更应该仔细倾听当事人的声音，并试图去理解他们的情感与判断、愤怒和担心，甚至是错误和偏执。站在公诉席上指控犯罪时，更不能忘了案件发生背后深刻的犯罪原因，并借此还当事人一个明明白白的公正。判决，不能仅仅只停留在冷冰冰的白纸黑字中！

公诉工作的价值不只是惩治犯罪，它还应担负起人性救赎的责任。公诉人也不能仅仅演绎审查案卷提审开庭的烦琐程序，而应用一颗善良的心灵去诠释博爱、温暖的法律。当我们的左手紧握正义之剑时，请不要忘记用右手抚慰那些迷失的灵魂，引领他们走出黑夜，让他们能再次沐浴在阳光下。就让每一次公诉都成为捍卫法律尊严与实现法律救赎的共舞，让正义与温暖同行。

一封来自女子监狱的信

肖　峰

一天，我突然收到一封来自广东女子监狱的信件。信中写道："肖检察官，感谢您在我最灰暗的人生门槛上投下了一缕阳光……请接受这迟来一年的真挚的谢意！"朴素的语言激荡着我，顿时让我回想起了2010年年底经办的那起案子。赖某，女，33岁，居住广州本地，其在2009年5月至2010年1月期间，受广州市某科技有限公司的委托，代表公司到福建销售产品，后携公司货款逃匿被抓获。

我依稀记得当时第一次提审赖某的情景。"侦查机关认为你涉嫌合同诈骗他人17.6万元，你有何陈述？""我什么也不想说，但我不服！"她回答声音不大，但却激动得走了音。我停顿了一下，见她情绪稳定一些就接着说，"公诉人既要审查证明你有罪或罪重的证据，也要审查证明你无罪或罪轻的证据。"赖某慢慢将目光移向了我。我接着说，"希望你能配合检察机关，认真回答我问你的每一个问题，你有什么问题也可以随时问我。"赖某点了点头。

赖某讲述了她走向犯罪的经历：2009年5月，赖某应聘广州某科技公司销售一职。该公司要求赖某到福建推销产品，并且以高额提成作为报酬，但并未与其签订劳动工作协议。赖某到了福建后，业绩不错，但开销也大，其希望公司能够尽快为其报销。公司的回复却是只给提成，而拒绝帮其报销。赖某计算开销后发现入不敷出，遂从失望变成了愤怒。2010年1月，赖某在收到几笔货款后，携款潜逃。

提审完赖某后，我立即着手补充侦查，列举了详细的补充侦查证据清单。通过公安干警的艰苦取证，最终查清了相关事实。一是赖某是以其公司名义开展工作，并且是得到公司认可的，其与公司存在事实上的劳动关系，应该认定其是该公司员工而非与该公司为合作关系；二是赖某确实存在垫付货款的事实。

第二次提审赖某时，我让其辨认补充侦查的证据，赖某声泪俱下："你们公诉人让我看到了正义，我愿意认罪接受法律的惩处和改造。"

最终，公诉机关将赖某职务侵占12万元的犯罪事实起诉至法院，法院认定事实成立，以职务侵占罪判处赖某有期徒刑2年。

时隔一年，我已渐渐淡忘了这起普通的案件，但这封监狱的来信却提醒着我。作为一名公诉人，责任重大，我们处理每一件案子都要慎重和公正。一次正义的实现，并且以看得见的方式实现，才能够让犯罪嫌疑人真诚悔罪，才能够彰显法律的公平公正。

小心"刻板印象"

郑创彬

心理学上的刻板印象，指的是对某一类人或事物产生的比较固定、概括而笼统的看法。俗话常说，"物以类聚，人以群分"，刻板印象有一定道理。但在有限经验的基础上形成的刻板印象往往会使人对某些群体成员产生偏见。对于司法人员来说，刻板印象的存在往往会对司法公正产生消极影响，其危害不言而喻。

记得我刚入行时办的一起盗窃团伙案，以蒲某为首的多名涉案人员夜晚从中山市流窜到南沙某码头，换乘船只后对停泊在南沙水域的船只进行疯狂的盗窃，最终该团伙在蒲某的生日宴会上被公安机关一网打尽。

团伙的主要成员都被批准逮捕，对于负责接送他们往返中山、南沙的司机舒某是否批捕，却存在争议。直觉告诉我，舒某身上存在诸多疑点：半夜三更驱车几十公里将老乡送到码头，凌晨又驱车过来将人接回去，前后四五次，舒某对其他人实施的盗窃行为会一无所知？团伙盗窃了许多物资，舒某究竟有没有跟着瓜分？如果不是团伙成员，舒某为什么会出现在蒲某生日宴会上并被抓获？

我在提审其他犯罪嫌疑人的过程中，有意无意地提到舒某、赃物如何处置等问题，想从其他人供述中得到印证，遗憾的是，所有的证据都指向舒某是无辜的：蒲某只告诉他接送去南沙码头"上夜班"，每次接送费用与市价相仿，蒲某每次事先约好"收买佬"水上销赃，赃物从来不带回去……

我很苦恼，直觉居然错了，是什么东西在误导我，让我对犯罪嫌疑人身份背景这些表面的东西深信不疑，而对讯问、调查得到的那些证据却视而不见？身边年长的检察官告诉我，皆因舒某与其他犯罪嫌疑人相似的身份背景产生的刻板印象，使判断出现偏差。

　　案件顺利办结，最终对舒某作出不批准逮捕决定。我在庆幸没有因自己的偏见而影响案件公正办理的同时，也陷入了沉思。作为手握国家重器的检察官，不能仅凭情感好恶为依据来办案，我们除了具有疾恶如仇的正义感外，还必须有强烈的证据意识和程序意识，避免凭主观推测和想象定罪，用确凿的证据指控和证实犯罪，真正的正义才能得以实现。

你真的冤枉吗？

邵秋明

在检察院反渎职侵权局工作，我已经不止一次听到犯罪嫌疑人这样那样的推诿之词。他们或激情昂扬，振振有词，称事情不是自己一个人能解决的，导致这种情况还有其他客观的原因；或悔恨懊恼，唯唯诺诺，称发生这样的事情，是一个意外，是奇迹。在审讯桌的对面，他们总有自己推诿的理由，总是抱怨说自己很冤枉，可他们真的被冤枉了吗？

这一次碰到的情况又是如此，审讯室里，他眉头紧锁，显得较为焦虑。他承认自己收受了被监管对象的钱财，也认识到了对被监管对象的管理存在漏洞，监管不到位。但他每次和我对话，总是充满着抱怨之词，说自己没有多大的责任，被认定为渎职行为，觉得很冤枉。

我一度深思，渎职侵权行为什么是罪？什么是非罪？在中国这个人情盛行的国度，监管者与被监管对象交往密切，经常接受被监管对象的宴请、收受被监管对象的财物，这些真的是人情难却吗？如果一个工作失误、一个工作疏忽造成严重后果却认为是不可避免的，这是一个法治社会吗？

作为国家机关工作人员，履行职责是岗位的要求、法律的规定。法律对国家机关工作人员提出了很高的要求，任何超越职责、不正当履行职责以及放弃职责的行为，都是对国家机关管理活动的侵犯。由于国家机关本身的地位及其担负职责的重要性，渎职罪在侵犯国家机关正常管理活动的同时，必然还会对国家和人民利益造成实际的损害。

　　他自己认为只是收了被监管对象的小额红包，并不是什么重大犯罪行为。可是由于他们的监管不作为，导致的是一个市场长期存在无证照经营，市场内部环境脏、乱、差，食品安全得不到保障，群众投诉反映强烈，国家税收损失近600万元。这种不装进口袋的腐败，比贪污贿赂危害更大。不管他是否认识到，危害结果就在那里。客观上他的行为的确是触犯了国家的法律，应承担相应的责任。

情理之间　信念不变

彭　莉

　　第一次去看守所提审，深受影视剧与文学作品的影响，我理所当然地构思了一个满脸横肉、长相猥琐的中年男子。结果，我见到了那个长相清秀的小姑娘。"她是有着恶毒心肠的人，还是只迷途羔羊？"

　　随着经办人讯问的进行，我了解了案件始末，却更被背后的情感故事所吸引。来自偏僻山村的她，自小不好读书，十五六岁便跟着大她五六岁的男友（即本案主犯），辞了家人，别了故乡，来到广州这个以为可以拾金的地方。男友既无一技之长，又非吃苦耐劳之人，生活日渐捉襟见肘。此等情境下，男友竟开始吸毒，并以贩养吸。她毫不犹豫地帮男友带毒。没有为什么，因为男友叫她这样做，因为她觉得这样做可以帮男友。而男友却否认了这一切，说自己只是吸毒，并不知女友贩毒，更从未让女友拿毒品给他人。这就是那个她认定了一生的人！当经办人诘问是否对得起父母时，她将头埋在两手间，说了一句"我想我妈妈"，便泣不成声。

　　这是一个可怜的女人，她为一个卑劣的男人、一段脆弱的爱情而奋不顾身，在超出预期的生活状况下无心改变，并逐渐失去自我与是非判断能力；这是一个不孝的女儿，她为一个交往不久的男友而远走他乡，留下只言片语让父母在家中一味焦灼，再见面却是铁窗内外的泪眼相望。

　　我是一名检察官，需要具备充足的知识与相当的经验，需要具备理智客观的专业素养。第一次独立办案，收到的是一起因情感纠纷引发的故意伤害案，那一段长达七年的感情已不是我关注的重点，女友因种种原因而与他人交往，不能成为其伤害他人的正当理由。或许每个案件背后都有一段心酸故事，每个被告人都自认为有一个让人怜悯的情感基点，但这些都不能造成我们认定犯罪事实的不当干扰。在职能要求我们司法公正、客观时，我们无可回避的主观情感何处安置？检察官这一称谓本就包含了一种专业精神，这种精神要求我们秉持法律人的社会良知，厘清理智与情感的界限；要求我们以公正廉明之司法精神，坚定理想信念，为建设幸福广东、描绘法治蓝图将力量贡献。

一个陌生老人的来信

聂　玮

离开业务部门已经快两年了。曾经以为自己就像前线的战士远离硝烟的战场，从此不再直面形形色色的当事人，不再为扑朔迷离的案件辗转难眠，直到不久前一个陌生老人的来信让我顿悟。

这是一封用半截信纸写成的信，信中这样写道："案件管理中心的长官们：老汉跪求你们众位给我孙子周某某网开一面，从轻发落。判刑对终身前途影响即（极）坏，又没成家，我条件又差，经（今）后怎么找朋友呢？我家接女招婿，望孙继脉，而成劳改犯，在我地方无日可过，我家就彻底瓦解了。求诸长官大人，体念我这孤寡老人法外开恩，释放周某某吧！如有消息，请联系我过增城来宴请诸位并重资感谢……"

看到这封信时，我的心中五味杂陈。旧式的称呼、旧式的文体，显然是出自一位长者之手，初看时，不免为信中近乎迂腐的想法忍俊不禁，可转而又有一股心酸涌上心头。试想，究竟是怎样的情形，让这位不谙法律程序的孤苦老人卑微地请求，慷慨地许下重金承诺？带着种种疑惑，我向案件承办人了解到，这位老人的孙子因涉嫌故意伤害被移送审查起诉，由于事实不清、证据不足，案件已退回补充侦查。

正想着给老人回个信，没想到他居然已经出现在值班室里。见到我们，他浑浊的双眼霎时明亮起来，颤颤巍巍地递过来一个沉甸甸的袋子，很小心地说："长官，这是我们老

41

家产的葡萄，专门带来给你们尝尝。"我们正推脱着，他又很谨慎地从口袋里掏出一个皱巴巴的信封，急切地塞进我手里，我的手一松，信封"啪"地掉在地上，露出一沓钱。迟疑了一会儿，我弯腰捡起信封，然后带领老人来到会见室，给他倒了一杯热茶。老人慢慢放松下来，像个委屈的孩子开始哭诉自己含辛茹苦带大孙子的遭遇。我们倾听着，安慰着，慢慢地我开始给他讲诉讼程序，告诉他检察机关会依法秉公处理，让他安心等待结果，然后，郑重地把信封展平放回他的手中。他的眼神中渐渐露出了信任的神色，然后把信封放回口袋，又在外面使劲按了按，喃喃道："还是检察院的长官好啊！"

送走老人家，我的心中也豁然开朗了。在老百姓的眼中，检察官是一个神圣的名字，不论你身处哪个部门，只要真诚地对待他们，尽其所能地帮助他们，就会树立起检察机关的执法公信力，赢得人民群众的信任和尊重。

一名自残死刑犯的转变

杨振伟

　　虽然戴着戒具，但他仍然想尽一切办法把头撞向地面，他想自残——这是一名死刑犯，因两起故意伤害致人死亡案件，一审被判处死刑立即执行。

　　他的反常行为引起了我的注意。作为一名驻看守所检察官，一项重要任务就是保护被监管人员的合法权益，监督监管场所对在押人员的管理、教育情况以及刑事案件判决、裁定执行情况。我和其他驻所检察官多次约谈他，详细了解他想自残的原因。他说他被收押两天后主动向管教交代了公安机关尚未掌握的具体案件细节，还提供了两起刑事案件线索，应该有自首、立功情节。而从判决书上看，量刑时并没有考虑，他觉得对自己的判决过重，干脆自残自杀。从张某的叙述来看，他对刑法中有关自首、立功的规定一知半解，以为如实交代犯罪事实并且举报他人就能成立自首和立功。

　　但事实真相到底如何？我们仍然需要展开调查核实。根据张某的叙述，我们依法向公安分局预审大队核实张某自首、立功方面的证据情况；并向检察院的公诉部门以及法院了解对自首和立功的认定等情况。经查证，张某的情况不构成自首、立功。为了解开他的心结，我耐心向他解释：交代公安机关已掌握的犯罪事实，这不是自首，是坦白认罪；检举揭发他人犯罪行为，只有查证属实的才能构成立功。你的检举揭发，缺乏相关证据证实，不构成立功。作案后离开广州，没有投案自首，属犯罪后逃匿。至于家庭困难等情况，

43

不能成为从轻处罚的理由。张某的思想疑虑逐渐打消了。

　　后来，省高级法院终审判决张某死刑，缓期二年执行，张某表示服从判决。在投牢执行时，张某专门约见驻所检察官，表示衷心感谢。

　　类似张某的情况，作为驻所检察官，每年都遇到几起。一位伟人曾经说过：法典是人民自由的圣经。检察官就是要坚持法律面前人人平等，忠于事实和法律。在打击犯罪的同时，又保障宪法赋予每个公民的人权，让人们在法律的框架内，享有充分的自由，从而维护社会的公平正义。

赠人玫瑰，手有余香

余伟文

　　她戴着茶色墨镜，眼睛似乎不大好使。和往常一样，我把她迎入了接访室。她是一名美籍华人，离开祖国已有20多年，在去美国三个月后患上了糖尿病，病情很快恶化，导致视网膜脱落并发症，左眼晶体不得不摘除，这次返回广州是为了继承父亲房产。

　　在接下来的谈话中，我也逐渐了解到她不为人知的酸楚。她是非婚生子女，从小并没有得到父亲太多的关爱。父亲去世了，她作为唯一的子女，成为父亲遗留房产的第一顺序继承人。但在办理房产过户手续时，她的非婚生子女身份却未能得到房管局确认，于是她向法院提起诉讼。虽然胜诉，她对诉讼费的计算存在异议。

　　经过对案件的审查，我发现问题主要出在诉讼请求和当事人对法院的不信任，由于中西法律的差异，她对中国法律也不怎么了解。法院的判决是有一定法律依据的，并没有错误。但作为一名控申部门的检察官，面对这样一位身患残疾、多次上访的美籍华人，我决定一定要向她解释好法律规定，尽可能给予她帮助。因此，我留下了自己的私人电话。在其后长达一个多月的时间里，她多次来检察院，或者通过电话向我诉说着生活的种种不如意。我安慰她，尽量用通俗的语言向她解释法律规定。有时下班后，我也去她家里看望她。逐渐，我和她成了好朋友，经过长时间的交流，她被我说服了。

检察官札记

　　她如期返回了美国，从大洋彼岸的美国三藩市快递祝福卡给我，亲切地称我作"贤妹"。

　　办结一件案件，收获一段友谊。我想，只要真心真情对待每个当事人，细心耐心倾听他们的委屈，就一定能解开他们的心结。他们的释然和快乐能感染你，让你也能快乐起来。

特殊的律师阅卷

廖 菁

在公诉科工作的七年多里，我接待过很多来访的被害人及被告人家属，印象最深的，是当书记员时和主诉检察官一起进行的特殊律师阅卷。

那是一个炎热的夏天，被告人吴某某的哥哥和辩护律师风尘仆仆地赶到院里时，已经是下午5点。二人从湖南来到人生地不熟的广州，又辗转一天来到萝岗，为的是阅卷和了解基本情况，可因我院已将该案依法提起公诉，而法院尚在立案审查期，依照规定无法给辩护律师阅卷。多留一天，就意味着要多一天的费用，无奈中，他们找到了我们，想了解一下大致情况。交谈中，我们了解到被告人的哥哥因为此事，已经准备从湖南来广州打工，以方便去监狱探望弟弟，送衣送钱。因为家庭贫困，辩护律师也是免费代理的，还垫付了来广州的路费。被告人吴某某的哥哥说到弟弟的情况时，一个大男人眼泪就流出来了，从怀里掏出一张低保卡，说要用该低保卡里每个月400多元的最低生活补助来分期赔偿被害人的医疗费，以减轻其弟弟的罪行。看到被告人哥哥无助的眼泪和热心的律师，我们内心也为他们着急，于是急忙和法院多方进行联系，最后法院立案庭同意借出卷宗。在接待室里，在不违反法律程序的前提下，我们给辩护律师看了借来的案卷，后为其进行了详细复印。

从湖南赶来的被告人家属面对异乡检察官的热情关怀和帮助，心里一直热乎乎的，激动地说："谢谢你们，热情接待老百姓的检察官。"

　　其实有时候，也许对于我们自己来说，工作内容仅仅只是多了一点点，可在需要帮助和关怀的人心中却成就了一片天。"检察官"这神圣的三个大字的分量，一直在百姓心中掂量着。

千里取证路

刘湘凌

车窗外阳光明媚。但经过 20 多天的奔波劳碌，疲惫的我已没心思欣赏那优美的风景了。思绪又回到了接到案件初查任务的时候。

一个供应商到某企业追讨货款时无意间透露自己送回扣给企业原副职领导陈某，得到举报线索后，我们立即对有关材料进行了筛选甄别，从中选取突破口。陈某负责大宗的设备采购，确实存在收受巨额回扣的可能！我们决定首先开展初查工作。要了解真相，就得到生产厂家调查，可是这些厂家却远在千里之外的江苏、上海、浙江一带，路途遥远，人生地不熟，难度可想而知！但是大家一致认为"不入虎穴，焉得虎子"，于是决定——乔装打扮，深入了解情况。

我们首先来到浙江温州。早上 6 点多钟，我们就赶往一间厂家，假扮成业务人员进厂"洽谈业务"。由于事前我们恶补了相关知识，进到厂后商谈起来显得非常专业，厂家见是"行家"，自然不会起疑心，非常耐心地推介自己厂的设备，谈好价钱并称可以给多少回扣。

为了进一步了解案情，我们又马不停蹄地踏上了路程。经过 5 天的辗转，我们在浙江、上海等地进行了摸底，得出的结论是：陈某确实存在犯罪嫌疑，该收网了！

在证据面前，陈某不得不交代了收受巨额回扣的犯罪事实。这时大家已经连续工作了十多天，疲态尽显，但是取证时间紧迫，我们商议后决定，抽调人员立即长途跋涉，全面收集证据。我们再次踏上了千里取证之路。虽然去的地方基本一致，但是工作难度、强度反而加大了。

开始还比较顺利，而在浙江舟山，我们就遇到了麻烦。来到一家企业时，有关负责人称业务员刚刚外出采购，而事实上来之前我们还特地用以前假扮的购销员身份打过电话给这名业务员，得知其正在企业内。怎么办？幸好一同前来的当地检察院的同志做工作，最终打消了厂家的顾虑，配合我们完成了这次任务。

就这样，我们用了 10 天的时间，从上海到江苏常熟、江阴、常州，又从上海中转到浙江舟山、温州，再到广西南宁、湖北鄂州，克服种种困难，取得了大量的证据，为案件的顺利侦破打下了坚实的基础……

追捕疑犯就是要毫不畏惧

闫国泰　马阳全

当汽车擦着我的外套呼啸而过的时候，我来不及后怕，看着前方20多米处的犯罪嫌疑人，我只是不停地告诉自己，我就快追上了，我要坚持住。

进入反贪局工作半年多了，在大家的印象里，反贪工作以调查取证、审讯突破为主，多数是面对一些有身份的职务犯罪分子，保密性要求高，危险性却不大。记得第一次蹲点守候犯罪嫌疑人的时候，前辈们叮嘱过很多注意事项，特别强调要注意安全，结果接连几次蹲点守候都是手到擒来，毫无惊险。就在我觉得工作渐渐得心应手的时候，我身边却发生了最开始的一幕。

那是2月初，在办理一起特大受贿案件时，我们通过摸查发现，该案在逃的犯罪嫌疑人邓某的妻子出现在嘉禾街某城中村的出租屋中。我们连夜守候在该出租屋附近。第二天早晨7时，我们在巡查时发现邓某的车辆停放在附近的另一栋居民楼下，但是车中空无一人。直到下午3时，一名可疑男子慢慢地走到了车辆旁边，经验丰富的同事一眼认出了该男子就是邓某，马上示意我一同悄悄上前。就在我们逐渐走近准备出示工作证抓捕邓某的时候，他如惊弓之鸟般拔腿就向身后的小巷中跑去，转眼间与我们拉开了20多米的距离。尽管下雨之后地湿路滑，我们立即飞身追赶，在追出200多米后，邓某逃出巷子上了主干道。公路上车辆疾驰而过，邓某慌不择路，疯狂横穿马路，跨越绿化隔离带跑到了马路对面。我们也顾不得来往车辆，没有时间考虑自身安全问题，毅然穿过疾驶的车流，唯恐邓某消失在视野中。

时间一分一秒过去，追出 1000 多米后，邓某体力逐渐不支，虽然我们的速度也在渐渐放慢，但距离在一点点拉近，15 米、10 米、5 米、3 米、1 米，我纵身一跃将邓某扑倒，将他死死按倒在地，同事随即赶到现场，一同将邓某制伏并安全押解回单位。

下了车我才发现，我的两只胳膊都严重擦伤，但是心中的满足感却让我忘记了疼痛。来不及休息，我们抓住邓某仍未平静的慌乱心理，趁热打铁，突击审讯，邓某对其涉嫌犯罪的事实供认不讳。

通过这次行动，我更加坚定了内心的想法：反腐除蠹，我会继续毫不畏惧，勇往直前。

两个苹果的故事

廖 菁

"请你们收下，无论如何也要收下，我们不知道如何去表达我们的感激之情，这只是一点点心意，请你们转交给在我们最困难时给我们很大帮助的检察官……"在广州萝岗区检察院的接待室里，刚因不起诉被释放出来的成某某与妻子，提着一小袋苹果，与接待他们的民行科和控申科的检察官推拉着。实在拗不过他们的情况下，检察官留下了两个苹果。

这事要从一宗故意伤害轻伤案件说起。那是一个寒冷的冬天，犯罪嫌疑人成某某的妻子带着 70 多岁的老父亲，怀抱年仅 5 个月大的孩子，风尘仆仆地赶到萝岗区检察院，表达了希望与被害人一方刑事和解的意愿。成某某是区内一间工厂的工人，因请假问题与带班班长发生矛盾，冲动之下将班长打成轻伤，被公安机关以故意伤害罪移送到萝岗区检察院。看着犯罪嫌疑人妻子和老父亲那焦虑的目光，作为案件经办人的我，内心也同样感到难过，记得在看守所提审成某某时，他痛哭流涕地对自己的行为表达了深深的后悔，从他的眼神中，我看到了他悔罪的真诚。

在与他们耐心沟通和解释后，成某某家属与被害人达成了刑事和解协议，对被害人进行了一次性赔偿。在补查证据的过程中，我还了解到，成某某在工厂的表现很好，为人老实，是家里唯一的经济来源，进行赔偿的钱都是东拼西凑来的。基于上述情况，根据宽严相济的政策，最终该案经讨论决定依法作不起诉处理。

就在处理该案的时候，成某某的妻子抱着 5 个月大的孩子迎着寒风第三次来到萝岗区检察院了解其丈夫的处理情况，又一次泣不成声。她告诉我们，在老家的母亲因此事已经住进了医院，在广州唯一的亲人也赶回老家照顾母亲了，剩下她和 5 个月大的孩子相依为命，等着丈夫的判决结果。同时，因为丈夫所在工厂拒绝发放之前 40 多天的工资，导致其现在身无分文，今天找房东借了 10 元钱来到检察院。

由于不起诉案件需要经过严格的法律程序，我们无法马上告知其这个处理结果，只能用心安抚其情绪，同时拿出 200 元作为对被告人家属的困难救济，虽然钱少，但是能够让其和孩子过一个星期生活。另外，我们与民行部门联系，对成某某工资拖欠情况进行了沟通，民行部门和控申部门开始积极介入。

释放出来的成某某，心情特别激动，所以就有了开始那一幕。

以法为羽以情为翎

林转春

一年 5 月，我接待了一名特殊的来访人方某。他的右边裤脚被 4 根长约 5 厘米的粗铁钉戳出 4 个洞，拖着扎着铁钉的右腿，一瘸一拐地走进候访室，样子很是吓人，铁钉在阳光下显得特别刺眼。愣了一会，我调整好心态，做好来访登记后听取他的诉求。他透着满满的怨气，冷冷地抛出一句："我要投诉公安渎职！"

原来，方某曾被七八个人殴打，腿部骨折，至今仍要靠固定支架辅助行走。方某认为，他报案后民警没有及时抓住犯罪嫌疑人，损害了他的合法权益。在听取了方某的诉求后，我向他询问案件细节，安抚好他的情绪，请他等候案件办理结果。送走了方某，我立即向相关单位了解他的信访情况。原来，方某去公安机关上访，还曾到省政府上访。了解到这些情况后，我深知要说服方某对我而言是个挑战。

果然，方某不久后又来了。这次他只强调两句话，"要见检察长，要处理结果"。经检察长劝说和安抚后，方某态度却依旧反复，回家等待后又多次折返来上访。同时还说要在"大运会"期间到深圳去上访。我和其他检察官联合相关部门多次接访方某，耐心听他讲述。在接访的过程中，方某逐渐看到了我们的诚意，慢慢相信司法机关会加大力度追捕在逃嫌疑犯，维护他的合法权益，终于不再摆出一副冷酷不满的表情了。

案件至此本是告一段落了，但看着方某一瘸一拐离开的身影，我不禁担心，受害人方某因案件尚未侦破而无法向侵害人索取民事赔偿，他自己又无固定收入来源，要靠什么进行固定支架拆除等后续治疗呢？我将我的疑惑告诉了领导和同事，大家都表示忧虑。

后来，我们为方某申请了刑事被害人救助金3万元，作为方某拆除腿部固定支架的治疗费。我们的做法深深打动了方某，言语不多的他，只是不断重复着两个字："谢谢！"

有时候，化解矛盾只需要再往前迈一小步，就可以得到更好的社会效果。以法为羽，以情为翎，经纬成一张别具人情味的法网，不正是执法为民的最好体现吗？

高墙外，沉甸甸的牵挂

肖秋娟

驻所检察官接访日这天，我目睹了以下情景。

一位头发花白的老汉，斜挎一包，一大早就在看守所外守候，9 点一开门，他就探头进来怯怯地问民警："那个蒋××今天释放，怎么不见人出来？""有时释放的人多，要逐个办理手续，会耽误点时间，您先坐下等等吧"，民警回答道。老汉焦虑的神情稍放松，可还是如坐针毡，不断站起张望。11 点左右，终于见到了民警带着他等待的人出来，估计是他儿子。一老一少寒暄几句便一前一后走了……女警官小陈告诉我，有时一家人拖老带小的从天亮就站在外面等着接人，一等就是几个小时。

当天我接访的第一个人是位年轻的女子，她很年轻，扎着马尾辫，眼睛清澈。她告诉我，她是在押人员李某的姐姐，她说，她弟弟犯故意伤害罪，被法院判了两年，她收到弟弟的信，信里说想见姐姐，可是姐姐一直没接到看守所的会见通知。姐姐所说的李某我有所了解，他因为经常违反监规已被严管了，不允许会见家属。我把情况告诉了她，希望她通过书信，帮助教育改造李某。我还告诉她，她弟弟很快就要投送监狱服刑了。姐姐安静地听我讲完，频频点头，眼圈泛红，嘴角的颤抖难掩她的伤感，她说，"其实，我弟弟以前在家不这样的，我会写信叮嘱他好好表现……可能我下次见他要到监狱了"。我把姐姐送走了，心情复杂，可以猜想到，姐弟俩在广州相依为命，如今，姐弟相见却成为他们难以实现的梦想。

这样的场景几乎每天都在发生，高墙内，是一群失去自由的人；高墙外，是他们的家人，他们望眼欲穿，牵肠挂肚。我常想，应该把这一幕幕拍摄下来，让高墙内的人看看，他们的违法犯罪行为也伤害了自己的亲人；让高墙内的人知道，亲人的牵挂与思念是如何的沉甸甸；也让高墙内的人明白，高墙外温情的世界还在等待着他们！

面对检察官，他也没忘记"关系学"

褚铁瑛

我当检察官已经二十余年，然而十年前一次办案经历却历历在目。

那时我还是反贪局的一名副科长，正在办理从化市某局的窝案，该局局长涉嫌贪污、受贿问题，我们正就有关问题对他进行讯问。傍晚时分，我的同伴去隔壁房间拿资料。房间里就剩我和这位局长一起吃盒饭。局长趁机跟我搭讪，聊了几句家常，他就问："褚科，你父母在哪工作？"我说："都在农村务农。"他又问："你的妻子是干什么的？"我回答："在家带小孩，待业。"

一听这话，他的脸顿时有了生气，他说："领导，如果你能帮我想办法摆平这件事情，日后我会报答你的，你妻子的就业问题包在我身上，还有……"真没想到，在这个时候他竟还试图收买我。我说："谢谢，不用了，坦白交代清楚，争取从宽处理才是你唯一的出路。"这时，另外一名办案人员回来了，他不再说话。

过了几天，根据该局局长交代的情况和我们已掌握的证据，我们决定对他刑事拘留。该局长最初认为自己精通"关系学"，自然会有"菩萨"搭救，一直对一些犯罪事实避而不谈。但大量铁证面前，他的幻想终于破灭。几个月后，他以犯贪污罪和受贿罪数罪并罚被判处有期徒刑。

十年后回忆起与他的对话，觉得"廉洁自律"四个字是多么的重要。作为一名检察官，办案过程中受到金钱或利益诱惑的时候，如何把握自己，是选择洁身自爱、廉洁执法，还是选择牟取私利、徇私枉法？其实，每一次选择都会直接关系到人生的前途命运。如果你选择崇尚清廉，会让你一生平安；假如你选择了以权谋私，那就是身败名裂，悔恨终生！

严法柔情

YAN FA ROU QING

失窃案卷改变了小偷命运

陈　虹

这是一个真实的故事。

二十年前的一个秋天，某湘中重镇，犯罪嫌疑人刘某某为图报复，持斧头冲进当地三甲医院手术室，将正在做手术的无辜的被害人砍死在手术台上。当地电视台及其他媒体对此进行了报道，此案在当地引起了极大的震动。

案发不久，该案的呈捕案卷就移送到了检察院，转到了刚大学毕业进入批捕科工作的我的案头。案件事实清楚，证据充分，结果只能是批准逮捕。案件起因简单，只因一句话便丢弃一命；案件情节恶劣，犯罪嫌疑人主观恶性大且不计后果，持凶器满城寻找报复。犯罪嫌疑人生活在一个不和谐的家庭，家庭战争让这位刚满 18 岁的年轻人学会了暴力相向，加上年幼辍学"浪迹江湖"，遇导火索便极易激发犯罪动机，最终酿成惨局。该案给未成年人、给家庭、给社会带来的思考是沉重的。我将此写成案例，并对犯罪原因进行了分析，一篇长达 2000 余字的案例分析完成后，我把稿件装入信封，放进抽屉，约好当地日报记者，准备次日将文章发表。

第二天上班，办公室内一片狼藉，我一个月的工资，加上我前一天晚上完成的案例分析均被贼人带走。之后几天，我找来以前的草稿，加上仔细回忆，又一次将案例变成文字正准备投向报社时，一封来信和一张汇款单令我震惊。信和汇款均无寄件人姓名，信中内容表述其刚满 18 岁，年幼父母离异。前不久与其相依为命的姐姐被人殴打住院，因无力支付医疗费，其只好靠偷钱来维持姐姐的医疗费用，打算偷够费用后找凶手报复。那天晚上偷我办公室时，因害怕，便将抽屉内所有物品装入编织袋，之后带回住处清点时，发现了我写的那篇案例。那晚，他把这篇案例看了不止十遍，最后思来想去，决定将盗窃我的现金退还给我，并写上这封信以表歉意，同时表示不再偷窃，也不再找凶手报复。

拿到失而复得的工资我很高兴，看到我还来不及投向社会的宣传稿件无意中收到了预防犯罪的效果我更兴奋。凭着对信件内容的猜测，我找到了写信人的姐姐当时正住院的医院。那天下午我到病房时，一个瘦弱的男孩背对着门口，正在给病床的一个女孩喂饭的情景叫我一辈子都无法忘记。我找到了分别叫刘放和刘军的姐弟俩，将我失而复得的工资送给了他们，弟弟刘军跪在我脚下声泪俱下，几声救他一命的"感谢"令我无法自控，姐姐刘放对弟弟的行为并不知情，明白真相后，挣扎着起来连连磕头以表谢意。为帮助这一对苦难姐弟，我将姐姐刘放纳入我家一员，帮我管家务，为弟弟刘军找到一份工作。之后几年，姐弟俩分别成家，至今时常电话联系，还保持着这一份难得的、不是亲情却胜似亲情的深情厚意。

不记得哪位文人先哲说过文章能杀人，我却说文章能医人，更能救人。履职于检察事业，与文字打交道，与案件常接触，办案之余多一点心思将案件变成文章，将身边事告之于社会，把犯罪起意扼杀于起蒂之时，便是我们检察官应尽的社会责任。

职务犯罪者的亲情

邱焕逵

　　那是很多年前办理的案件。他是某大型国有企业的中层领导，涉嫌收受工程承包者的贿赂。我们调查了几个与他关系密切的工程承包者，案情很快突破，工程承包者为了承接工程给他送钱送物的事实和证据逐步浮现。紧接着，对他的调查审讯全面而有节奏地进行，他用很消极的态度对待检察机关的审查。他儿子名下的一部小汽车成为审讯突破的主攻方向，因为工程承包者已经承认支付了该车的车款。我们找到他儿子，并询问了该车的情况。

　　后来有一次在看守所里，这个职务犯罪嫌疑人跟我说，他所做的一切，除了为了自己过得好，就是为了儿子。儿子承载着他的人生目标和未来的希望，其实儿子还小，刚刚踏出校园参加工作，对他的敛财行为一无所知。他建了一栋五层楼房，装修豪华，可谓精雕细琢，目的就是让家人小孩过上衣食无忧的生活，但想不到给他们带来的却是不安和动荡。但后来意识到自己的犯罪可能会牵连家人，他没有再考虑为自己开脱，而是考虑如何让小孩平安无事，不要被牵累进来。原来贪腐的他也有舐犊情深，也有自然界里成熟雄性动物共通的责任感，也有这种人类最原始的感情，原来不管一个男人多么贪婪、多么嚣张、多么无视法纪，都和普通人一样，在他的内心深处总有一个成年男人的内在本性，对子女也有这么深重的感情，这就是父爱。

　　理解和同情这种爱心，就是对善良的人类本性的尊重。

在一个人危难的时候，如果你能尊重他的感情，照顾他在这方面的要求，他会以加倍的诚实守信来回报你。我们曾经为一个犯罪嫌疑人办理取保候审，原因是他的女儿正准备参加高考。他在到检察院的几小时内就把问题交代清楚，很是悔罪，同时也表达回家照顾女儿的强烈愿望。我们为他变更强制措施，他感激不已，他表示只要在女儿高考前让他在家，他愿意无怨无悔地接受任何处理结果。

取保候审之后，从案件的侦查取证，到移送审查起诉，再到法院开庭审理，他的供述一直非常稳定，他本人也非常配合，随传随到，最后到了那年的 9 月份被判处实刑，当庭收监。我们总结他整个诉讼阶段取保候审在外长达 8 个月的时间不翻供、不逃跑的经验，除了我们证据固定扎实，他不敢翻供之外，我想可能正是我们对父爱的尊重、对人性的理解，唤醒了他的良知，使他对昭昭天理产生内在的敬畏，从内心消除了他逃避制裁的想法。

一名无期刑释人员的再生之路

范文峰

第一次接到区司法局社区矫正办公室负责同志的电话，是夏季炎热的一天。电话里小邹的声音很是焦急，我听着她的叙述，眼前慢慢呈现出一幅情景：年近半百的男子覃某，20 世纪 90 年代因经济犯罪被判处无期徒刑而有过十几年牢狱生涯，如今带着剩余的三年剥夺政治权利的附加刑回到社会的他，接受社区矫正帮教，在自己原来工作和生活过的地方，面临无户口（当初迁往监狱已被原单位注销）、无亲人（妻子早已携女改嫁长期无联系）、无固定居所、无身份证、无法找工作、无法搭乘相关交通工具外出、无法住店或者租房、无生活来源的困境。在到当地司法所报到之后，覃某现正为生计到各部门上访，甚至有求助于媒体的打算……

我们对覃某目前的无助感同身受，作为担负社区矫正监督功能的机关，在接下来的 2 个月时间里，我们配合区社矫办及司法所工作人员跑遍了覃某原单位、原籍地广西、市人才资源服务中心、公安、房管、人社等有关部门，协调多方关系帮助落实其户口、身份证办理、住房、工作等问题。

10 月，当我们再次到南岗司法所对覃某参与社矫情况进行检查时，意外地遇到了前来司法所送感谢锦旗的覃某。原来，区房管局考虑到其目前困难，已安排了一间 30 平方米的公租房供其居住，月租仅需要 60 元左右。覃某的户口也由区公安分局人口大队安排落入公租房，身份证也办理完毕，并在人社部门帮助下找到了一份保安的工作，月收入

1500 元，覃某对目前的生活相当满意。看着他嵌在皱纹里的笑容，感觉到他的高兴是发自内心的。

　　我很感慨，"幸福广州"的意义应该是惠及所有广州居住的人口，包括曾经对社会有危害但已改过自新的刑释人员。从覃某的经历，我更加体会到了这一点。

传唤他时，他正要带妻子看病

杜俊超

8月的一天，天气仍然十分炎热，热浪直扑人脸，在太阳下稍微站一站，汗水就顺着脖子往下流。而我和两位反贪侦查员，正守候在一个小区的停车场旁。

这次，将传唤犯罪嫌疑人陈某。之前我们已经对陈某的犯罪事实作过调查，已经掌握了部分犯罪事实。传唤他，主要是进一步核实相关证据。我们根据调查取证已掌握的情况，决定在该小区物业管理处的协助下，在犯罪嫌疑人车辆附近守候的方法，将其带回检察院接受讯问。

我们将警车开到犯罪嫌疑人车辆停放的同一层车库，找了个不显眼的地方，停好车，几个侦查员在车里等待陈某出现。车库和警车里都安静极了，侦查人员的眼光一刻也没有离开对象的车辆及周围。十多分钟后，有一个中年男子行色匆匆地出现在车库，并朝犯罪嫌疑人车的方向走来，这应该就是陈某。他刚坐上车，正准备启动发动机的一瞬间，我们按照预案从前后将他围了起来，并向其出示了证件和法律文书。经核对，这正是我们要传唤的对象。按照法律规定，我们告诉他需要接受检察院的传唤。此时，陈某显得紧张、无奈。他一脸沮丧地对我们说："现在我的爱人有病，我正想送她到区人民医院看病，能不能先去医院再跟你们一起去检察院？"

一会儿，陈某的爱人也到了，看样子确实重病在身。办案组组长马上决定，我们一起先送他爱人到医院。把他爱人扶上车，从安全和稳妥上考虑，办案组长为他们开车。陈某的爱人被及时送到了医院。我们又帮助陈某的爱人挂了号，并陪同陈某一起等待医生对他妻子进行检查。直到医生说他的爱人没什么问题时，我们才将犯罪嫌疑人带回检察院进行讯问。陈某看到自己的爱人没事，长长地出了一口气。来到检察院后，他积极配合我们，如实供述了犯罪事实。

我相信，每个人都有善良的一面，陈某对于妻子，是个好丈夫。如果在办案中同样地以诚信人，以情待人，有助于唤起犯罪嫌疑人的良知及其社会责任感。有人说细节决定成败，或许正是因为帮助陈某妻子看病这个小细节，帮助我们顺利侦破这起贪腐案件。

法院会采纳我的量刑建议吗

郭晶晶

"本案将择期宣判，闭庭！"随着法锤的敲响，我忐忑地走出了审判庭。

此案是一出"人伦悲剧"：被告人刘小丽（化名）出生于一个破碎的家庭，父母早年离异，从小跟着母亲生活的小丽早早地帮助母亲承担起家庭的重担。大专毕业后，小丽与一名忠厚老实的男子成婚并生下一子。然而好景不长，丈夫竟在一次事故中离开了人世……悲痛欲绝的小丽带着孩子回家与母亲及继父同住，摆了一个小水果摊赚钱糊口，每天起早贪黑地打拼……

变故再一次发生在一个冬日的夜晚，正准备收摊的小丽接到电话，说母亲遭到继父殴打受伤。霎时间，小丽失去了理智，从摊子上拿了一把水果刀狂奔回家，将继父刺成重伤……

案件侦查得很是顺利，不到 40 天就进入了审查起诉程序，卷宗来到了我手里。阅卷后，专业知识告诉我，"刘小丽故意伤害他人身体，证据充分，应提起公诉"。然而，在我脑海中却纠结着另一种忧虑：身为单亲妈妈，上有重伤的继父和年迈的母亲，下有嗷嗷待哺的幼子，如果被判刑，她的家庭由谁来照顾？第二天，我与同事去她家补充笔录，只见家徒四壁的房中弥漫着一片凄风苦雨，继父伤卧在床，腿脚不便的母亲蹒跚着艰难地操持着全家，刚会走路的孩子不停哭喊着"我要妈妈"。被害人不停地说："我也有错，我已经原谅了女儿，请对她从宽处理吧，没有她，我们的家会散的！"

是啊，对这个家庭来说，老人需要女儿，孩子需要妈妈。考虑到自首情节、悔过表现及被害人谅解等情况，我在提审刘小丽时与她进行了一次详谈，在聆听长达两个小时的倾诉、哭泣、恳求和忏悔后，我决定为她争取缓刑。但是，量刑毕竟是法官的权限，作为检察官的我们虽有建议的权力，却不能直接决定刑罚的裁量。站在法庭外细雨的洗礼中，我心里依然沉甸甸的……

5月5日，刘小丽案宣判："……依法判处被告人刘小丽有期徒刑×年，缓期×年执行。"

缓刑！我的量刑建议被法庭采纳了！旁听席上，刘小丽的家人瞬间哭着相拥到了一起。

我想，公诉工作并不是惩罚的艺术，太多的案件并不是人性本恶的后果，而有着复杂的社会根源，并不是每个被告人都是丧失良知或罪大恶极，公诉工作不仅仅是指控犯罪，更应该关注法律的救赎和对人性的尊重。

罪犯送来一面锦旗

宋启文

2011 年夏天，我所在的检察院来了一名特殊的客人，她就是因涉嫌挪用公款罪被我院立案侦查的方某某。方某某这次到来竟是赠送我院一面锦旗，"文明执法，宽严相济"。为什么罪犯对惩办她的检察院如此感激呢？事情要从一年前说起。

2010 年 10 月，我们根据线索对方某某涉嫌职务犯罪一案立案侦查，我正是案件的经办人。开始讯问时，方某某显得十分沉默寡言且略带怯懦，她对自己的犯罪行为承认得很快，有问必答，但除此之外不主动说话。乃至对她宣布拘留押送至看守所，她都很配合，一直面无表情。记得当我办妥入所手续准备离开看守所时，习惯性地扭身回望一下，看见方某某半蹲在地上，身子斜抵着墙，两眼望着天花板，空洞无神。我的心仿佛被什么扎了一下：这名中年女子被剥夺人身自由时，显得毫不悲戚，莫非自由于她已无可恋？当中可能有苦衷。于是我和书记员转身回到看守所内勤处，提出要提审她。

这次提审，我和方某某谈了很久。开始我尽量语气缓和地对她说："你到底有没有什么苦衷或者困难？和案件有关无关都好，说不定我们可以帮你。"话音刚落，她"哇"地一声哭了出来，眼泪如决堤的河水。足足哭了几分钟，不善言语的她才断断续续地诉说她的种种不幸：她家一直家境不好，自己患有糖尿病，十多岁的女儿患有严重癫痫，自村中征地以来丈夫变得好逸恶劳、沉迷赌博、吸食毒品，最终不但将自家征地款输光，还欠下巨债，于是她才挪用公款为丈夫还债，现在她入狱，女儿不知谁能照顾……面对她如电视剧情般的不幸，我发现自己竟找不出话语来安慰她。末了，我拍拍她的肩头说："在法律许可范围内，我会帮你的。"

第二天我就几经周折找到她丈夫尚某，对他说明利害关系，让他尽力筹钱为方某某退赃，并严厉斥责他的恶习造成妻子犯罪。尚某显得十分懊悔，痛哭流涕，当场起誓要戒赌戒毒，从今好好照顾家庭。几天后，尚某筹足款项退赃并申请对方某某取保候审。经审查，我院依法对方某某取保候审。2011年1月，我院依法将方某某一案移送起诉；同年4月，方某某因犯挪用公款罪被法院判处有期徒刑3年，缓刑2年。记得方某某送锦旗来的那天，紧紧握着我的手："真的多谢你，经过这件事，我老公现在不赌钱了，重新找到了工作，你们挽救了我的家庭。"

事情已经过去了，我逐渐认识到这面锦旗之于我们的意义不单是赞许，更多的是警醒、鞭策：执法者不仅仅要解决法律问题，更要解开当事人的心结。

一位妊娠妈妈的来访

周小波

2011年的冬天，羊城显得比往年都要寒冷，我似乎有了回到北方家乡的感觉。只身一人，更想念家的温暖。临近春节，发生在我身边的这件小事，却让我在寒冷中感受到了无比的温暖。

那天早上，我接到门岗打来的电话，说是有一位犯罪嫌疑人的家属要来反映情况，经了解后我同意了。不一会，我听到了两声敲门声，随即有位女子轻柔地问："有人在吗?"我抬头一看，是一位20多岁的女子挺着大肚子站在门前。她留着长发，脸色略显疲惫。我立即应声把她迎了进来，让她坐在沙发上，天气太冷，我又倒了杯热水递给她。她双手接过水杯，连声道谢。

看得出来她有些拘谨，我随即主动询问她的来意。她说她姓黄，已经怀孕8个多月了，她与丈夫钟某两人去年来广州打工，可是前不久她丈夫因为一时糊涂偷了朋友的东西被警察抓了关在看守所。她很着急，听说案件在我们检察院审查，立即就跑来询问，她怕孩子出生时不能见到他爸爸，希望检察官体谅她的难处，放了她丈夫，让他们一家团聚。她越说越急，没说几句眼泪就流了出来，边说边擦泪。

听完她的诉说，我明白是怎么回事了。我刚收到个盗窃案，犯罪嫌疑人姓钟，他趁朋友回老家过年，撬开朋友家门盗窃了一个电脑显示器，结果被人当场抓住了。最近，公安机关以盗窃罪将钟某送到我们这里审查批准逮捕。看着她急切的样子，我劝她不要担心，向她解释了我们的办案程序和相关法律政策后，我答应有处理结果会主动通知她，让她放心。

送走这位妊娠妈妈后，我不禁有些感触，我们检察官每天都要经办各种案件，对于我们来说不过是一叠叠的案卷、一个个的犯罪嫌疑人，但在每个案件、每个犯罪嫌疑人身后，都牵扯着一个个家庭，犯罪的代价不仅是失去自由，更是对家人的伤害。

这个案件处理得很顺利，因为事实清楚、证据充分，钟某较好的态度也获得了被害人的谅解，加上他妻子的特殊情况，依法决定以无逮捕必要为由对钟某不予批准逮捕。下午决定一出来，我立即打电话通知了钟某的妻子——那位妊娠妈妈，她在电话里连声称谢，说我们是大好人。

春节临放假前一天，我在办公室接到这位妊娠妈妈打来电话，她说了许多感谢的话，并祝我新年快乐。挂了电话，我想起了那首《好久没回家》的歌曲，仿佛看到了他们团聚的画面，嘴角也不禁浮起微笑。那年的春节有点冷，但我的心却是暖的！

一个母亲的微笑

廖慧芳

如往常一样，我走进一个未成年人抢劫案件的法庭，坐在公诉席上，然后从公文包里拿出案卷材料，抬头便迎上一位母亲和善的目光，她微笑着快步走向我，似乎有话要对我说，这让我有些诧异，心想，难道是想让我建议法院对她儿子判轻一些吗？然而，她只是走过来，轻轻地在我耳边说："他爸爸知道了，没打也没骂，我总算放心了……"简单的几句话，听起来没头没脑的，但我已领会到她的含义，心里充满了暖意。这，要从庭审前一个月说起：

作为公诉岗位的检察官，每个案件都要讯问犯罪嫌疑人，而他，小伟，是一个五人抢劫案件的犯罪嫌疑人之一，因为未满16周岁，也还在校念书，综合考虑他的案情和认罪的态度，公安机关对他采取了监视居住的强制措施，所以那一天，我把他传唤到检察院的讯问室，要对他进行讯问，他的母亲作为法定代理人也一同到场。

讯问过程和结果跟我当初设想的一样，小伟认罪悔罪，只是高大的小伟，一直低着头，似乎不愿意重提这件事情。当我把笔录给他母亲看，并跟她解释因为是未成年人犯罪案件，会有司法机关的人员到她们家和学校等地做个社会调查时，她显得很紧张，不停地跟我强调，去之前一定要打电话给她，一定不要贸然前往。这让我觉得有些反常，在我细问之下，她告诉了我原因：她的丈夫是个脾气很暴躁的人，以前常对儿子打打骂骂，具体的情形她无法跟我形容，现在儿子涉嫌抢劫犯罪，丈夫会怎么对儿子，她不愿想象，也不敢想象……所以案件从公安到检察院，她只提供了自己的联系方式，所有与案件有关的事情她都趁她丈夫不在的时候处理，在家里，她和儿子从不提起这件事，其他的家人也都不知情，就是为了不让丈夫知道这件事。

她的心情我能理解，但这毕竟是个刑事案件，无论小伟以后如何服刑，都不可能让他父亲永远蒙在鼓里，不仅如此，我也在思考，一个还不满 16 岁的孩子，在承受刑法惩罚的同时，还要时刻担心父亲会不会知道他犯了罪，知道了又会对他有怎样的惩罚，这样的生活状态会对他的心理造成怎样的影响，对他犯罪以后的人生又是否是一个好的选择呢？于是，我跟小伟的母亲深刻地谈了一次，跟她讲明各种可能的情况以及利害关系，并跟她探讨了一些比较缓和的告知方法，从她的角度、从孩子的角度以及从案件的角度都希望她能够恰当地把案件的情况告诉她的丈夫，只有正视这件事情，才能让小伟从犯罪的阴影中走出来……她有些忧虑地答应我考虑一下。

庭审那天，虽然她的丈夫没有出现在法庭上，但从她的释怀和笑容，我知道当初善意的劝导是正确的，也让我感受到工作的价值和快乐。

小赵，你妈妈喊你回家

郑定锋

2012 年 4 月，我们在对萝岗区九龙镇一名国家机关工作人员涉嫌职务犯罪的线索进行初查时发现其利用经办九龙镇农林水利工作的职务便利，指定包工头小赵承揽了政府投资的九龙镇系列水利工程，并虚报工程量中饱私囊。为侦破案件，完善证据链，必须找到包工头小赵予以调查核实。

小赵原来在九龙镇承包水利工程时曾留下一个手机号码，但经查实已经不是小赵使用了。后来我们通过各种途径了解到小赵的户籍地是四川江安，便飞赴四川查找小赵。江安县检察院的同行也很给力，在听完我们的协查要求后马上安排车辆陪同我们下乡找人。

从县上到镇里的路还算好走，但从镇进村的路就不敢恭维了，当时正是初夏，泥路在小雨过后尽显湿滑。司机小心翼翼地把住方向盘，在一个三岔路口停了下来，陪同的镇干部打开车门，说："下车吧，前面车进不去了！"

我们走了十来分钟的泥路，在看门狗的狂吠中来到了小赵的家。一位白发苍苍的老婆婆一瘸一拐地出门迎接我们，原来她就是小赵的母亲。镇干部用四川话跟她拉起了家常，像似不经意地问道"小赵有没有在家呀？"不提还好，一提小赵，老婆婆的泪水如决堤般地顺着脸上的褶子淌了下来。

原来，小赵从 20 世纪 90 年代初期就一直外出广东打工，一开始还写信回家，到 1998 年以后就音信全无，就连过年也没有一个电话回来。家里人怀疑他失踪了，他的弟弟和弟

检察官札记

妹还到广东寻找过，但也没有任何结果，老母亲都对小赵的出现已经不抱任何希望了。

我们安慰了老婆婆，向她问了家里的电话号码，并告诉她如果我们有小赵的消息，一定叫他务必回家看望您。老婆婆将信将疑地目送我们离开了。

经过不懈的努力，我们终于在东莞找到了小赵，在询问结束后，我们把他母亲的情况如实告诉了他，40多岁的汉子再也忍不住内心的沧桑，像小孩般地痛哭起来："不是我不想回家，只是外出打工没挣到钱，做点水利工程赚的钱又被人骗走了，我没有脸面回家啊！"

我对他说："外出打工是很辛苦的，挣不到钱家里人也不会责怪你，但是你不至于十几年都不打电话回家吧，你怎么能对六七十岁的老母亲不闻不问呢？"

小赵羞愧地低下了头，"我后悔啊！这十几年我像个孤魂野鬼一样。谢谢你点醒了我，我一定尽快回家看妈妈，尽我的孝道，检察官你放心！"

小赵提供的证言为这个案件的侦查终结画上了完美的句号，就在案件移送审查起诉之际，我们接到了小赵从老家打来的电话，他的老母亲还用颤巍巍的声音感谢我们帮他找到了十几年未曾回家的儿子。

的确，如果通过办案能使一家人团聚，我们辛苦点也会感到欣慰。因为，那是别样的收获。

能告诉我你在想什么吗？

章莉坚

2006 年 9 月，我接连收到了两件未成年人犯罪案件，一件是一个未满 14 周岁的未成年女生与她所谓的男朋友陈某发生性关系，公安人员以明知是未满 14 周岁幼女而与其发生性关系涉嫌构成强奸罪为由将陈某移送审查起诉。另一件是一群未满或刚满 14 周岁的女生为报复一女同学，强迫其脱去上衣并拍摄裸照，进而抢走该女生的手机，公安机关以涉嫌抢劫罪移送审查起诉。两个案件因情节、手段比较恶劣，都有一定的代表性，我进行了认真细致的审查。尤其是当看到卷宗里的那张裸照，女生裸露着上身，哭着哀求着的那一定格，让我有撕心裂肺的痛，我也是一名母亲，我相信任何一位父母都不会容忍自己的子女受到如此的蹂躏。检察官的正义感告诉我绝不能轻饶了犯罪嫌疑人。

摘抄完卷宗，我已迫不及待地打电话约见两名被害人，了解她们受伤害的情况。但意想不到的事情发生了。

被拍裸照的少女是在母亲的陪同下到院里的，询问的过程我小心翼翼，生怕触及她的痛处，母亲也在一旁无奈叹息，最后我询问她对这件事有什么想法时，女生的回答让我目瞪口呆："姐姐，我已原谅她们了，其实我和她们平时都是好朋友，她们也跟我认错了，昨天我还和小婷（其中一名犯罪嫌疑人）一起玩呢。"母亲的眼泪已在眼眶里打转，我无语……

被强奸的少女长得挺漂亮，矮矮瘦瘦，在某中学上初二，她是带着一封求情信来的，信中肉麻地写到自己多么爱那个男朋友，两人是在自愿的情况下发生性关系的，而且那个男朋友还许诺以后要娶她。那封情真意切的求情信犹如一枚重磅炸弹，是串供还是她受到威胁？接下来的询问女孩一会儿表现纯真无知，楚楚可怜；一会儿表现如街头小混混。最后我很真诚地留下自己的手机号码，让这位"涉世未深"的小妹妹在遇到困难的时候打电话给我。送走小女孩，转身，在院里大堂的垃圾桶边我见到了那张写有我电话号码的便笺纸……

2011年9月。屈指一算，五年过去了，如果我没有记错，这个月应该是被强奸少女的生日，回想那两件很特别的未成年人犯罪案件，两位被害人小女孩的音容笑貌就会浮现在我眼前，我时常自嘲两位豆丁小妹妹让我这位检察官遭遇了"心灵重创"。你们应该已长大成人，亭亭玉立，不知五年前的案件会留给你们什么样的记忆，如果有缘我们还会偶遇，我很想追问一个当时应该要问的问题："能告诉我你在想什么吗？"

背　影

杨　斌

　　新搬的办公楼位于这座城市的新区，乍眼望去，周围几乎都是农田和工地，习惯了老城区便利生活的我们，刚搬来的时候，纷纷叫苦不迭。

　　那天，像往常一样，我坐在办公桌前，埋头清理着堆积在案头的卷宗。这是一个盛夏炎热的下午，正午刚过，正是太阳最毒的时候，窗外，不要说人影，连飞鸟也不见一个，空气闷热得仿佛静止了一般，就连那总是鼓噪不休的知了也不见了声息——恐怕，它们也忍受不了这刺热的阳光和酷暑，躲起来了吧？

　　突然，传来两声轻轻的敲门声，这么热的天气，谁还会上门呢？我正疑惑，门被轻轻地推开了一条缝，一位老人小心翼翼地伸进头来张望，犹豫了一下，这才推门走了进来，很拘谨的样子："姑娘，我是来送诉状的，是交到你这儿吗？"一口带着乡土气息的山东口音。这是一位和我父亲差不多年纪的老人，黝黑而粗糙的面孔上写满了沧桑和疲惫，穿一身过时且陈旧的衣衫，灰白泛黄的长袖衬衣已经看不出本色，后背被汗水打湿了一大片，看那风尘仆仆的样子，估计老人已经在这异乡奔波了一些时日。老人一边问我，一边抖抖嗦嗦地从右肩的一个黄色挎包里拿出两张用学生作业纸写的"诉状"和身份证、户口本等材料。原来他是一宗交通肇事案件被害人的父亲，来提交刑事附带民事诉状。一看被告人的名字，真巧，正是我经办的案子，老人疲惫的脸上露出了笑容："哎呀，可找对了！可找对了!"边说边抬起手臂，擦了擦额头上的汗水。

我大致看了一下，材料是齐了，可全是原件，老人没有准备复印件，怎么办？我只好跟老人解释，我们这儿只收复印件，原件由当事人保存，庭审时再提交给法庭审核。一句话，老人必须将材料复印了之后再交给我。听了我的解释，老人有些着急："姑娘，我不知道有这些规定，这大热天的，该上哪儿复印呢？"我望了望窗外——白晃晃的阳光刺得我几乎睁不开眼睛，心里有些替老人为难，但犹豫了一下，还是例行公事告诉他，这一带没有店铺，要复印只能坐车回老城区。老人的眼神顿时暗淡下来，他怔怔地呆立了几秒，嘴唇张了张，似乎想说什么，但终于还是什么也没说。

老人走了，我埋着头，却什么也看不进去，老人那充满失望和悲伤的眼神老是在我眼前晃动。时间在那一刻仿佛停滞，又仿佛过去了很久，突然，我像想起了什么似的，追了出去。电梯已经升了上来，门开着，老人正准备进去："老人家，请等等!"我把老人请回了办公室，给他倒上水，让他坐到沙发上，"您把材料给我吧，我帮您复印。"

老人听了我的话，有些意外，但很快，他黝黑的面孔因为激动而涨得通红，压抑已久的悲伤和痛苦仿佛决堤之水，喷涌而出，年近七旬的老人，在那一刻，哭了，哭得像个受了委屈的孩子，哭得抽抽嗒嗒，哭得泣不成声："儿子在这儿打工，说没就没了……都快来一个月了，料理完后事，他们说可以要求车主赔偿，为了这份材料，我去找了交警，找了法院，已经跑了两天了……还要跑到什么时候？老伴还在家里病着呢……姑娘，谢谢你啊!"我不敢抬头看老人，只觉得脸上火辣辣的。我怎么敢承受老人的感谢呢，面对老人的苦难、隐忍、善良和宽容，我几乎要无地自容！

材料印好了，老人的情绪也慢慢平息下来。临走的时候，我把老人送到门口，老人一边跟我说着谢谢，一边犹豫着伸出满是老茧的双手来回搓着，似乎想与我握手，但伸出的手却在空中颤抖，始终不敢与我相握。

是什么让一位老人的手不能与一名检察官的手相握？又是什么阻挡了我的勇气，不能热情主动地伸出自己的双手，让一名检察官的手与一位老人的手紧紧相握？在骄阳似火的七月，我感到凛凛的寒意。

回到办公室，我目送着老人的身影消失在马路尽头，阳光如流火般无情地洒在老人身上，也炙烤着我的心。泪水，慢慢蓄满了双眼，是羞愧是内疚是心酸，是阳光刺痛了我的双眼，还是烈日下老人那蹒跚的背影？我知道，老人要在烈日下行走 20 分钟，才能到达最近的车站，坐上开往老城区的公共汽车；我也知道，肇事的是一辆无牌车辆，司机一贫如洗，老人连日奔波的结果很有可能只是一张法律的白条；我更知道，老人经历了怎样的痛苦，怎样的无助与无奈，又怀着怎样的期待和渴望来到这里，渴望关怀和正义。可是，面对这样一位孤苦无依的老人，面对那充满期盼和渴望的眼神，为什么，我会无视这一切，忘记那本应有的悲悯和体恤，忍心让这样一位如我父亲一般的老人，为了两张薄薄的材料和那已经注定的不幸结果和命运，要在这如火的烈日下奔波不休？

十年过去了，其间，我调动了单位，离开了这座小城。生活仍在继续，我依然在公诉人的岗位上忙碌。十年间，我经历了无数个案件的打磨——提审室里的循循善诱，法庭上的唇枪舌剑，刑场上，目睹一个个鲜活的生命离去；为邪恶而愤慨，为不幸而悲伤；对现实的忧思，对美好的执着，对生命的敬畏，对人生的彻悟——每一个场景的每一个人，都曾以不同的方式给我启发和震撼，予我力量，助我成长。也许因为职业的习惯需要我们不动声色，但那绝不意味着我们的内心不曾波涛汹涌，绝不意味着冷漠和麻木、简单地对待、生硬地拒绝。发生在十年前的这一幕，老人烈日下蹒跚的背影和悲伤的泪水在我的记忆中一再呈现，即使在今天，依然能让我感受到那曾带给我的强烈的冲击和震撼，提醒我，除了秉公执法，我们还要在刑事司法的过程中展现人性最美好、最善良、最柔软的一面。也许，那只是一杯热茶，一个温暖的微笑，一句安慰的话；也许，只是那双主动伸出的真诚热情的双手，提审的公文包里备上的那包香烟，当事人哭泣的时候，悄悄递上的那张纸巾，但是，我知道，正是通过这些微不足道的细节，爱与友善才得以传递。

善意地去运用法律，以最大的善意去对待案件中的每一个人，尽自己最大的能力去做一些有意义、有价值的事，把当事人当作自己的亲人，甚至当作自己，设身处地地为他们着想——这就是十年前，那位曾经差点被我所伤的老人带给我的启发和领悟，它珍藏在我的记忆深处，从来不曾褪色，每一次回忆，都是心灵的洗礼，时间越久，感受越深。

失足少年免予刑事责任
核实出生日期改变人生

许晓君

审讯室里，小根一五一十地供述了他们作案的整个过程。这个案件，除了在逃的小星，小根、小旭和小校都对自己参与盗窃的事实供认不讳。嗯！大功告成！回去又可以结一个案子了。末了，我随口问了一句："还有没有其他补充？"小根继续低头掰着手指，犹豫了半晌，细声地说了句："我的出生日期是农历的。"

在公安机关侦查阶段，小根一直稳定供述自己出生于1991年9月17日，2007年10月11日开始与同伙入屋盗窃。当地计生办出具的《育龄妇女信息卡》记录佐证了小根的说法。也就是说，案发时小根刚过了16周岁。根据刑法的规定，已满16周岁的人犯盗窃罪，应当负刑事责任。如果小根现在的辩解属实，9月17日是农历的，那么，他出生的日期就应该是1991年10月24日，小根盗窃时还不满16周岁！

因为小根的父母超生，又交不起罚款，多年来未曾给子女办理入户手续，致使小根及其弟弟妹妹都成了"黑户"，当地派出所没有其户籍登记。案卷中唯一能够证明小根出生日期的证据就只有一张《育龄妇女信息卡》。小根的年龄问题，疑点重重。当晚，我拟定了一份详细的补充证据提纲，决定去一趟小根的老家。

驱车三个半小时，问了好几个路人，终于找到了小根的家。那是一间破旧的老宅，没有任何的粉刷与修饰。说明了来历，小根的爸爸才放松了警惕。当我们问及小根的出生年月日时，小根的爸爸倍感愧疚：这些年来都没给孩子们上户口。家里小孩多，记不清他们具体的出生年月日了，当年卫生院给的出生证明也给弄丢了。去年人口普查，想起给他们补办户口，从抽屉里找出当年他妈妈临走前记下的三个小孩出生日期的笔记本，但笔迹已有些褪色，笔记本也被虫子蛀烂了，就用一张小纸条抄了下来。

小纸条上写着：小根，1991年农历8月28日……按照小根爸爸的这一说法，小根出生于1991年10月5日，案发时已满16周岁。但是，这也只是一份传抄的言词证据，其客观真实性还有待进一步核实。

随后，我们几经周折，在片警的协助下，走访了当地卫生院、计划生育办公室、村委及小根当时就读的小学。经多方努力，我们还是无法查获小根确切的出生日期。

第二天，我整理并分析了调取回来的证据，形成审查报告，详细论述了个人观点：现有证据不能充分证明小根实施盗窃时已达到法定刑事责任年龄，且经多方取证仍无法查明，根据最高院的司法解释，应当推定其没有达到已满16周岁的法定刑事责任年龄。最终，我的意见被采纳了。

最后一次会见小根，是释放的当天。"谢谢你，检察官姐姐。出去了，我去学开车，去赚钱。"门外，一个熟悉的身影，正焦急地等待着。

给失足孩子一盏明灯

马阳全

谈到公诉人，大家马上会想到的可能是缜密的逻辑思维，机敏的应变能力和娴熟的语言技巧，而我要谈的却是公诉人的另一面。

作为公诉科未成年人办案小组的成员，在面对这一思想意识还未成熟定型的群体时，我深深体会到，公诉人的一言一行都会对他们产生重要的影响，而理性、平和、亲切的公诉人形象，就好比带领失足孩子们走出罪恶黑暗的指路明灯，能指引他们改过自新，走向光明。我的这种体会在办理未成年人黄某抢劫一案中尤为深刻。

那是一起全国媒体高度关注的未成年人抢劫案件。最初，我仅为开好一个公开庭而精心准备着。然而，在提审犯罪嫌疑人黄某时我发现，只有16岁的他，空洞的目光中充满了失落和无助，这种眼神深深地触动了我，例行公事之余，我突然很想了解案件背后的故事。于是，我问起了他的父母和他的家庭生活。

还没聊几句，黄某的目光逐渐聚焦起来，他向我讲述了他的家庭和他走上犯罪道路的经过。原来，黄某小时候父母离异，他常年跟着靠捡破烂为生的奶奶生活，由于奶奶给的零用钱少，他便抱着好玩的心态与结识的不良社会青年抢了一家商店。我一边耐心地开导他，一边向他分析了犯罪行为所产生的危害，让他放下思想包袱，放眼于充满希望的未来。

　　提审后，我认真修改了公诉词。开庭当天，在圆桌式的审判法庭上，我讲述了黄某失足犯罪的经过，呼吁大家关注离异家庭青少年的成长，我诚挚的公诉意见再次感化了黄某，使他在认罪服法的同时也获得了改过自新的动力和希望。一年后，在参加"羊城少年法庭之友"缓刑人员帮教活动时，我再次见到了这个 17 岁的少年，此时的他已经有了一份相对稳定的工作。

　　常言道，以情动人、以理服人。我有意识地收起针锋相对的犀利，做一名理性、平和、亲切的公诉人，尝试走进对方的内心深处，感化他人的同时自己也如沐春风。虽然打击罪犯、惩治不法分子我们责无旁贷，但教育感化、促使其早日回归社会更是公诉人的职责所在。

"该严则严当宽则宽"

李少云

　　像平常一样，我一大早提着一大袋案件卷宗走进看守所提审，忙碌两个小时，终于就剩下曾某、谢某抢劫一案了。

　　5 分钟后，我把犯罪嫌疑人曾某领进审讯室。曾某是一个十七八岁的小伙子，长得眉清目秀。被讯问时，曾某很配合，一问一答，将整个犯罪事实复述了一遍。

　　最后我问他："你对自己的行为有什么看法?"

　　曾某用他那双明亮的眼睛看了我一眼，迅速低下头，眼泪夺眶而出，哽咽着说："检察官姐姐，我真的很后悔，本来现在我应该在学校上课的……"曾某说着说着，哭声越来越大，话都讲不出了。通常情况下，我对犯罪嫌疑人的痛哭已经见怪不怪，但面对这个像我弟弟一样的孩子，心里突然有点难过。我安抚着他的情绪，与他交谈了大约 20 分钟，我发现这小伙本质不坏。

　　在讯问结束前，我问："曾某，你想重新回到课堂上课吗?"

　　曾某听后，精神为之一振，压抑不住内心的激动，不断地问："真的吗? 真的吗? 如果给我机会重新回到校园，我一定好好学习，好好做人，不会再像这次，为了报复，做出违法的事情……"

　　在讯问同案人谢某时，他同样非常配合，提审很顺利。最后我也问了他同样的问题："你对自己的行为有什么看法? 还想上学吗?"

谢某虽没有像曾某那么激动，但也是哭着说："因为一时的兄弟义气，法律意识淡薄，最终被抓进了监狱，我真的很后悔。我不敢奢望能回到校园，虽然我很想很想……"

两个孩子希望重回校园的渴望眼神时时浮现在我的脑海，在后来审查案件时，我发现案件的定性并不准确，经过多次谨慎仔细阅卷审查后，我决定将抢劫罪改变为抢夺罪并提请领导审批。综合两名犯罪嫌疑人的总体情况，其主观恶性不大，法律意识淡薄，社会危害性较小，我向法院提出了从轻并适用缓刑的书面量刑建议。

从宽严相济刑事政策角度出发，我们在办理案件时，就应该坚持"该严则严，当宽则宽"的原则，给予这两个在校学生从宽处理，重返校园，重新做人的机会。

一气呵成，终于把案件办结了，心里舒畅了很多……

如果……

严秀芳

2012年1月8日，凌晨时分，突然接到从化公安刑警大队的紧急电话通知，正在侦查的一宗绑架案出现新情况，6岁的被绑架儿童已被杀害。

我们需要提前介入现场，立即出发！警车在村道上颠簸了十几公里，再也无法前行了，我在一片荔枝林边下了车。在漆黑中，我和十几名公安民警打着手电筒走进荔枝林，才发现在前面带路的是一名少女，被两名公安民警押着。

路上，一位民警向我介绍案情：1月6日中午，一名妇女到公安机关报案称，其6岁的儿子失踪，并收到一条索要10万元的信息。公安机关以绑架案进行侦查，后来发现，发信息给事主的竟是这位带路的14岁亲侄女，并且她已将其6岁的堂弟杀害。我听了心顿时一寒，不禁对这位少女多看了几眼。

我们在荔枝林中走了好一段路，在一阵犬吠声中，我们走进村子中一间在建楼房的二楼。顺着电筒光线望去，在冰冷的角落躺着一具幼小的尸体。

"这位死者是谁？"民警问那少女。"是我的堂弟。"少女的回答异常冷静。

"他是怎么死的？""被我用手掐死的。"

"你为什么要掐死堂弟？""因为我恨他。"在一个14岁的花季少女的心中，会有什么样的仇恨，让她能下毒手掐死自己的至亲？

　　七天后，案件如期被移送审查批准逮捕。在卷宗材料中，有一页是这位少女日记本的页面，里面记载了一句"我心里面只有恨……"短短的半张页面上，写了十几个"恨"字，而一个大大的"杀"字，则显得特别刺眼。从讯问笔录上，我了解到，她对堂弟一家人的恨，竟从两年前就开始了，原因无非是叔叔"小气"和堂弟"娇横、任性"。

　　我到看守所提审时，见到的是一张稚气未退的脸，她对杀害堂弟的经过，依然供述得很沉静、完整。但当她的母亲到来时，她武装的冷静顿时土崩瓦解。

　　"你怎么会对自己的弟弟下得了毒手呢？那可是你的弟弟啊。"她的母亲一边流泪一边问。

　　面对母亲的泪水和质问，少女低头痛哭，"妈妈，我错了，对不起……妈妈，别不要我……"

　　这时，我才惊觉，这位 14 岁的犯罪嫌疑人，其实还处在一个撒娇的年龄。

　　几天后，案件顺利办结，但那少女的泪水流进了我心里，很是沉重，难以释怀。

　　如果学校和老师有多一份挽留和教育，或许她不会辍学，那么在校园里她依然是一朵灿烂的花朵；如果叔叔能给她多一些亲情和关怀，或许她心中不会留有恨意，那么在弟妹心目中她依然是一位亲切的姐姐；如果……

传递爱传递温暖传递希望

陈 宇

虽然早有心理准备，但当我翻开卷宗，看到被害人的伤情照片，心中不免有一丝惊恐，更多的是深深的同情。

被害人小珊，案发时年仅 21 岁，正值花样年华，在2004 年 6 月的一个中午，被罪恶无情摧残。被告人陈某日，因求爱未遂，趁着小珊午睡向她泼洒硫酸，致使小珊面部、颈项部、胸部、双上肢等多处被严重烧伤，有些地方甚至被烧蚀见骨，构成三级严重残疾。

难以想象八年来，面部严重毁容、肢体功能残缺的小珊是怎样度过的。我上门去探访了被害人。小珊告诉我，八年来她的眼睑无法合上，眼睛常常发炎、化脓，血泪一起流，无论冬夏，她只能将头蒙在被子里睡觉；她的下巴被蚀毁，坐着的时候口水无法控制地外流，吃饭也只能躺下来由人喂食；她的手臂皮肤不断发炎溃烂，腋下粘连在一起，导致她无法像正常人一样张开手臂；因为怕自己的样子吓到人，她一直躲在黑洞洞的屋子里耗着日子。

令我意想不到的是，遭遇如此厄运的小珊并没有过多的抱怨和放弃，虽然提及那个颠覆她人生的陈某日，小珊仍有怨恨："就算现在判他坐牢了又怎样……"

小珊与弟弟小辉姐弟情深，弟弟给了她坚强活下去的勇气。弟弟白天照顾姐姐，晚上就在餐厅夜宵档打工，为了姐姐放弃谈恋爱，誓言今生伴其左右、不离不弃。姐姐心疼弟弟，希望能减轻弟弟的负担，有时能要来一些简单的手工活，尽管对她来说很艰辛，但她却非常珍惜。

姐弟俩在危难面前坚韧勇敢、艰辛守望的精神感动了我，感动了每一位了解情况的人。当我们还沉浸在小悦悦离去的自责与悲痛中，还沉浸在家庭伦理案件频发的人性质疑中，小珊姐弟对健康生命的珍惜、对美好生活的向往、对公平正义的追求、对人生灾难的抗争，唤醒了我们对真善美的追求，唤醒了我们构建和谐社会的坚定信心。

我所在的荔湾区检察院，全院 100 多名干警为小珊捐款23800 元；启动被害人救助机制，特事特办，向有关部门申请被害人司法救助金；通过电视、电台、报纸等新闻媒体呼吁更多的热心人和慈善机构伸出援助之手……

爱在传递，温暖在传递，希望在传递！

我心中的法律

廖　菁

　　曾经，刚开始接触公诉工作的我，心中常有这样一个疑问，公诉人心中的法律究竟是什么样的呢？是冰冷的铐，是无情的剑，绝不放过任何一个以身试法者？还是春日的阳，温暖的光，博爱地呵护每一个人？一宗案件突然解开了我心中的疑问。

　　那是 2007 年的冬天，一名年仅 18 岁的搭客仔，开着无牌摩托车将一名老人撞成重伤，老人甚至想用死来解脱。我为老人的不幸感到悲伤，更对那个鲁莽的青年感到愤慨。就在我们准备起诉时，一封来信却让我走进了肇事青年那极度贫困的家庭。残旧不堪的瓦房在风雨中摇摇欲坠，精神失常的聋哑母亲惊恐地躲在女儿的身后。女孩的眼中充满绝望和无助。她流着泪说："哥哥是我和妈妈唯一的依靠，为了让我读书他总是起早贪黑去搭客挣钱。哥哥从来没有做过坏事，没有了哥哥，我和妈妈不知道该如何生活下去……"

　　眼前的一切让我无比沉重。一直以来，法律在我心中就是威严和理性的代名词，因此它也是冰冷的，不带一丝一毫感性或余地。我认为公诉人的职责就是将有罪之人绳之以法，用法律去惩罚那些冥顽不化的灵魂。所以，当我面对丑恶与不幸，我应保有一份超脱与平静；面对罪恶和暴力，我应该选择冷漠和坚强！但我从未想过，当情与法发生冲突时，当面对那些同样需要救助的被告人和被害人家属时，作为一名公诉人，我该怎么办？

最终，该案在主诉官的努力下得到了妥善处理。我们发动捐款解决了这个家庭的燃眉之急，照亮了女孩继续读书的梦想。同时，积极促成刑事和解，案件的结果以被告人被判处缓刑而告一段落，这家人对生活又重燃了希望。

可以说，这次心灵的震撼引发了我对法律立场的重新思考。犯罪不是凭空而来，也不是人性本恶的后果，而是有着深刻的社会根源。并不是每一位被告人，都是丧尽良知或者罪大恶极，在面对他们时，我们是否应该更多关注法律的救赎，而不仅仅是惩罚呢？

我渐渐明白，看起来冰冷威严的法律，也可以有温暖柔情的一面。它无情，是因为它不会怜悯任何触犯它的人；它冰冷，是因为没有谁可以超越它的规则。但是，法律也是博爱的、温暖的，它博爱是因为它平等地给予人们保护，它温暖是因为它的终极目标是人性的关怀！

法律就像阳光。公诉人只有内心揣满阳光，才能把法律的温暖撒到人们的心灵。

刑法之善

范小军

那还是我做书记员时跟随主诉检察官办理的一个案件——陈某抢劫案，正是对这起案件的深入调查和办理，加深了我对法律的理解，使我体会到"刑法之善"。

案卷的第一页，往往都是犯罪嫌疑人基本情况的介绍。我打开陈某的卷宗，最引起我注意的就是陈某目前的身份——在校大学生。他干吗要抢劫？我无法从案卷中找到答案，因为在所有的供述笔录中，当侦查人员问其犯罪原因和动机时，陈某总是应付地回答"就是想抢点钱"。单纯从办案的角度来说，我的职责仅在于审查案件的证据、事实以及定性等法律问题，但是这种困惑唤起了我心灵最深处对人性的思考，我决心通过自己的行动来解开心中的疑惑。

在看守所里，我看到的是一张文质彬彬、充满稚气、清瘦而沮丧的面孔。我告诉他检察官的职责，让他知道检察官不单单是犯罪的指控者，也是犯罪嫌疑人权利的保护者。

"如果不是在这个特殊的地方，我无法将你与一个抢劫犯联想在一起，你为什么一直对自己走上这条路的原因守口如瓶？"我问。

"我家里的经济状况根本没法供我读大学，我其实连吃饭的钱都成问题，实在没办法，一时糊涂就做错了事。也许我根本不该读大学。"他流着眼泪回答。

"那你为什么不通过学校和老师来解决你的问题？"我追问道。

检察官札记

"我不想让别人知道，这样会让我更加自卑。"他的回答让我沉默了。

提审后的第二天，我前往陈某远在炭步农村的家中，映入我眼帘的是一个一贫如洗的家，一台黑白电视机是家里最值钱的家具。陈某的母亲卧病在床，用颤抖的声音向我们哀求："你们救救我儿子吧，这乖仔从小就懂事、听话，我们家里穷，没有钱给他生活费，是我们作老窦老母的害了他啊。"此时，我的眼角有些湿润了。第三天，我又来到陈某所在的学校，从老师和同学那里了解到陈某是一个沉默寡言、自封自闭，不太与人交往的人。老师和同学也并不了解其家境状况。

案件提起公诉之前，我再次提审了陈某。这是一次交心长谈。我将走访其家庭和学校的情况告诉了他，并转告了他父母的期盼。陈某失声大哭起来。我感受到他积压多年的自卑、沉淀已久的悔恨，随着泪水喷涌而出。案件开庭时，我向法院提出了鉴于陈某的生活经历以及悔罪心理，本着挽救与教育的原则，对其酌情从轻处罚的建议。

案件判决后的一天，监所科的同志转交了一封陈某写给我的信。"检察官原来不是我想象的那样不近人情，我更没有想到您还到我家里和学校了解情况。通过与您的交谈，我才恍然间明白，原来生活并不像我想象得那样悲哀……是您让我明白了是非善恶，尽管我现在仍然生活在高墙内。我会重新做人，不辜负您的良苦用心……"读完信之后，我竟然眼圈通红，心中却充满了欣慰和感动，因为那一刻，我看到了"刑法之善"，检察官用刑法惩治恶的同时，更应该观察与剖析恶，使作恶者弃恶向善；在惋惜和痛恨被犯罪撕碎的美好的同时，更应该努力拼接起那曾经被撕碎的美好。

你还有希望

张　嵘

　　这是一起故意杀人案。犯罪嫌疑人陈某在案发时不到18周岁，为了和自己的女朋友叶某一起死，他用菜刀将叶某砍致重伤，随后在房间内烧炭自杀。后主动放弃犯罪，将被害人叶某送往医院。

　　第一次在看守所提审陈某时，他衣衫不整、脸色灰暗、依稀可见两道泪痕，陈某见到我说的第一句话就是："你什么都别问了，赶快枪毙我吧，反正我早就不想活了。"我意识到，在这种情况下，继续讯问，很可能激发犯罪嫌疑人的敌对情绪，便引陈某到讯问室门口的水龙头边，"小伙子，你过来，先把脸洗干净再说"。他迟疑了很久，望着我，要张嘴说话，又低下头去，缓慢地捧起水来，洗完脸后，回到审讯室，我问："现在好点没有？"他没有答话，默默点头，沉默片刻后，我主动问起叶某的情况……

　　最后，问及他想要自杀的原因，他说："父母不理解我，不支持我，我只能在街上摆地摊，刚够养活自己，赚不到什么钱，也没读过什么书，没有别的出路，叶某嫌弃我没能力，几次说要分手……"我说："你还不到18岁，就能自己赚钱养活自己，已经很不容易，我非常佩服你，大多数人在刚开始自力更生的时候，都跟你一样面对着巨大的生活压力，而中年人的富足不是一时半会熬出来的，无论现在多么困难，只要勇敢地承担生活的重负，一步一步走下去，踏踏实实地去走，十年二十年之后，总会有所收获……"他随即打断我说道："现在说什么都太晚了，我已经没希望了。"

"你还有希望，就从自己手头上的事开始做起，慢慢创造点希望怎么样？从每天把脸洗干净开始，再把仓里的活计做好，如果再有时间，就读点书看看，每天都做一点事让自己有一点成长。"

审讯结束后，望着陈某的背影，我想，谁的人生没有软弱、逃避、盲目、混乱的时候，正因为如此，我们更要珍惜人性当中善良、真诚、光辉、美好的部分，有些孩子在成长的道路上走得跌跌撞撞，一失足成千古恨，付出了沉痛的代价，对这一类犯罪嫌疑人，开导、教育、感化、挽救往往比刑罚更为有效，毕竟囚禁他们只需要一间黑暗的监仓，难的是让他们在黑暗中也能看到光明，在绝望中也能找到希望。

我理解你，一位做母亲的心

李文瑾

加入检察队伍至今，转眼匆匆过去九个年头，我独立承办刑事案件已近600件。作为一名女检察官，近年来，也承办了不少女性犯罪案件。我曾经办理过一起特殊的聚众斗殴案。涉案犯罪嫌疑人是一对母女。案情很简单，这位母亲因为做生意和邻家店主发生矛盾，唆使女儿纠集多人斗殴，把被害人打成轻伤。在提讯过程中，这位涉嫌犯罪的母亲试图揽过所有责任，并强调事情与她女儿无关，让我对她女儿网开一面。当时我说："你放心，我们一定会查清楚的。"经审查，涉案人员的行为构成犯罪，案件很快移送到法院。接到起诉书后，这位母亲在开庭时指责我，作为女人，怎么就不能体谅她作为母亲的心，这样太不近人情，心太狠。我平静地对她说："我们都是女人，所以我更不能明白你作为母亲，为何如此狠心，把自己如花似玉的女儿往火坑里推？"我的一席话，让她哑口无言。

说心里话，我非常理解她的心情，也知道她已经后悔了。对案件进行分析后，根据这个女孩是未成年人、初犯、是受母亲指使参与犯罪等情节，提出建议法庭对其从轻处罚的量刑建议，最终被法庭采纳。这位母亲因犯聚众斗殴罪被判有期徒刑3年，女儿被从轻判处缓刑。庭审结束后，当我走下公诉席的时候，这位母亲对我说了声谢谢。

案件使我感触很深，作为检察官，不仅要捍卫法律、维护社会稳定，还要以人为本、教育为先。只有真情为民，才能赢得群众的尊重和信任。这是构建和谐社会需要考虑的深层次问题，是司法工作人员义不容辞的责任。

一个死囚犯的来信

王　烨

桌面上放着一封信，寄信人一栏为"内详"，收信人一栏写着我的姓名。

忙完了手头的事情，匆匆拆开了信，原来是自己经办的一起抢劫案件的被告人，这个人不久前因为抢劫致人死亡被判处了死刑立即执行（尚未执行）。我很诧异，这个案件基本上已经结了，还会有什么事呢？展开这写得满满的三页纸，黑色的圆珠笔字迹很规整。一上来就呼我为姐，说实话，很少有人这样称呼我，更何况是一个自己亲手送上刑场的死囚，"在您百忙之中，请原谅我冒昧地打扰，当我写这封信的时候，你在我心目中不再是一个雷厉风行严肃认真的检察官，而是一个值得信赖的姐，或者是一个值得倾诉的朋友……"不禁让我想起这个案件办理的点点滴滴……

那是一个五人结伙多次抢劫的案件，被抢的人中有三个重伤，一个死亡，看完卷宗，我心情非常沉重。在提审这几个犯罪嫌疑人的时候，我刻意跟他们多聊了一会，我想探求一下人性之恶到底有多深，想弄明白这究竟是一群怎么样的人？问完案情后，我跟这个姓颜的犯罪嫌疑人（也是这个案件的主犯）聊了一会，他告诉我：以前做保安时看到那些城里人衣着光鲜，但总是冷着脸对待他们这些外来打工的人。有一次，他见义勇为救了一个姑娘免遭流氓的调戏，后来被那伙流氓报复打了一顿，但是在被打的时候周围竟然没有一个人出手帮忙。他不断强调这件事，并说这件事对他影响很深，从那以后他决定自己干点大事来证明自己，也要过有钱人的日子。

听了他的叙述，那个长久以来一直困扰我的问题又一次出现了：社会环境对于犯罪的产生究竟有着怎么样的影响力？有人片面地认为，贫穷是犯罪的根源，社会是最早的犯罪者。但是，贫穷永远都是相对的，百万富翁面对千万富翁也会产生相形见绌之感……一个人完全可以依靠自身的勤奋和努力在这个社会谋得一席之地，养活自己甚至家人。

我将自己的想法和他做了一个交流，他非常感慨，坦诚自己的蜕变主要还是因为内心的恶念，最终害了别人也害了自己和亲人。

他的文笔还是很流畅，措辞也很恰当，这让我稍稍有点惊讶。"十年前的壮志满怀和十年后的穷途末路，让我由一个胸怀正气的人转变成了一个为人所耻、受人唾弃的囚犯……但愿漫长的刑期能够净化我的灵魂，洗刷我的罪过。"最末，当然还是希望能够给他重新做人的机会，但是法律是公平的，罪恶与惩罚常常是相伴而生的。但我想，这封信如果是发自他内心的真诚的忏悔，那么至少在另一个世界他还会找回自己。

荡涤心灵的泪水

余冬波

他，曾经风光无限，30来岁就是某国有金融公司的高级经理，手中掌握着价值几百万、几千万甚至上亿元的资产，身边围绕着各色各样的人，每天应付着各种各样的事，觥筹交错，莺歌燕舞……他，曾经有一个温暖的家庭，慈善的母亲，温柔的妻子，可爱的儿子，这一切都是他所拥有的……

然而，在2004年的冬季，他也迎来他人生中的严冬，当他从家中的地下车库走向警车时，他知道，曾经拥有的一切，刹那间已经离他很远很远。

为了这一切，他抗争过，沉默过，极力想掩盖其所做过的一切令人不齿的事实。但是，当我问他所做的一切，是否真的只是天知地知，你知我知时，他脸色煞白，他明白，同案已经招供，他在劫难逃……

平静地整理了一下思绪，他终于向我如实交代了在工作过程中，收受他人贿赂的事实。

他告诉我，其实一直以来他都惴惴不安，收钱时是兴奋，收钱后是惶恐，不敢怎么花收回来的钱，也不敢把所有的钱都放在家里，怕妻子追问，只能把钱放在母亲家的衣柜上面。

他说他对不起母亲、对不起妻子、对不起儿子，母亲身体有病，儿子才一岁不到，问我能不能安排见上一面？

我默然……面前的这个人良心未泯，但我没有满足他的要求：你母亲有病，我们去你母亲家搜查时会安排你姐姐把老人支开，相信你也不想你母亲看到你现在这个样子，我也不希望你母亲因为你而出现什么意外。至于你的儿子，这么小，你想让他看到他爸爸戴着手铐的样子吗？

他很失望，沉默不语。

从他母亲家搜查完后，警车呼啸直奔他家中，他没有见到母亲，情绪低落。到了家里，他也没有见到儿子。为了不给小孩子留下阴影，我们让保姆把小孩抱到楼下去玩耍。在场的只有他妻子和物业管理人员见证搜查过程。

他沉默地配合完成搜查工作。我对法警说，打开一只手的手铐吧。他疑惑地看着我……我用衣服包住他跟法警铐在一起的手铐，我说"我不想让孩子看到你戴手铐的样子"。随后，保姆把孩子抱了进来……

他，眼泪夺眶而出，跟妻儿相拥而泣。

我相信，临时安排的这短短的一分钟见面，会令他刻骨铭心；我也相信，他眼中奔涌而出的是悔恨的泪水。我更相信，这泪水可以洗刷他所犯下的罪恶，可以荡涤其蒙尘的良心。

多一分清醒就能少一分悲剧

李小燕

　　这一天，我接到一个任务，将一名涉案医生带回院里讯问。这名医生叫谭雪（化名），她在广州一家区级医院工作，根据我们掌握的情况，她很可能违规兼职做医药销售。

　　晚上七点，我们来到了她家。房子不大，有点杂乱。屋里还有一个70多岁的老婆婆和一个十三四岁的小女孩。我向她出示了法律文书，请她跟我们回去核实了解情况。她让我们先等她一会，她需要换一套衣服。

　　在这等待的间隙，我向小女孩打听了家里的情况，她父母离异多年，早就断绝了来往。谭雪带着小孩跟母亲同住，老人身体不好，生活的重担落在了谭雪一个人身上。

　　谭雪换好衣服后跟我们出了门。回到院里，她没有任何犹豫，就一五一十地把自己违规做医药销售的整个过程，包括给医院回扣的数额、比例等和盘托出。根据她的陈述，我们正式对她立案调查。她再次非常配合地交代了相关情况。办案多年，像这样诚实地交代罪行的犯罪嫌疑人还真不多见。由于对法律的无知，她压根就没意识自己已经涉嫌犯罪。直至交代问题这一刻，她仍以为给回扣只是行业惯例。夜深了，回到办公桌前，发现手机里有几十个未接电话，正是谭雪家的号码。回拨了过去，接电话的正是小女孩，她拿起电话就说："姐姐，我妈妈什么时候能回来？"她焦急地哭了。我忙安慰她："你妈妈还在我们这里，事情还没有办完，你跟婆婆先休息，妈妈很快就会回去的！"她坚持要来找妈妈，我只好耐心地劝导，并答应她，让妈妈办完事马上打电话给她。

按照法律规定，谭雪符合取保候审的条件。我向领导汇报了案件情况，也详细说明了谭雪需要照顾一老一小的特殊情况，恳请对谭雪采取取保候审措施。当晚，她妹妹过来为她做了担保，我连夜给她办好了取保候审手续，让她回了家。

后来一段日子里，我们经常找谭雪过来配合调查，她总是很守纪律，她一直很感激我们对她的宽大处理，并决定好好工作回馈社会。鉴于她的良好认罪态度，我们对她作出不起诉决定。她所在的医院也只是对她作出行政处分，保留了她的工作职位。

在反贪办案的几年时间里，我经常遇到左右为难的揪心时刻，但在情与法之间我们没有太多的选择。我只是希望，每一个人都能多一分清醒，安守自己的本分，不要逾越法律的界限，这样悲剧也就会少一些。其实，平淡才是真！贪恋钱财终惹祸，何苦呢？

关上欲壑的心门

黄奉文

第一次走进看守所，警卫森严、高墙电网、门禁重重，时不时传来沉重的铁镣拖在地上的声音……

第一次见到他，两鬓斑白、眉头深锁、神情憔悴、体格消瘦，见了谁都机械地双手抱头，蹲在地上。

然而，据同行前辈说，他才四十出头，正当壮年，此时的模样与进看守所前相比，简直判若两人，几天的看守所生活已让他失去了昔日的神采。

我和他聊起来，尝试着走进他的内心。

他说他出身农村，历经千辛万苦考上了重点大学，在上大学时，由于家境贫寒，为节省车费，他选择从省城跑步回家，两百公里的距离，他跑了很多次，第一次跑回家后，双脚顿觉无力，一下子跪在地上。

他说他最对不起的人是他的母亲，他忘记了母亲从小对他的教导，做人要感恩，要知足，要对得起天地良心。我不忍心告诉他，他80岁的老母亲得知他"出国"后对他的思念与牵挂。

他说他进了看守所以后，压力很大，食欲不振，白天常以原地跑步的方式麻痹自己，身体快速消瘦，当夜深人静时，悔恨的泪水常不自觉地溢出眼眶。

他说他走错了路，在人生的关键时刻，让欲望啃噬了自己的心灵，如果人生可以再来，一定干干净净做人，清清白白做事。只是，人生不容假设……

我不禁为他感到惋惜，惋惜他为自己的错误而付出的沉重代价，倘若他能奉公守法，他的头顶就不会只有一片四角的天空；倘若他能关上欲壑的心门，他的妻子就不会泪眼朦胧，他的母亲就少了份对儿子的牵挂，他的儿女就能承欢膝下，一家人其乐融融！

有时候，得到的越多，往往失去的越多，得到了不义之财却失去了珍贵的自由；当欲望填满了心灵，良知就没有了一席之地；当对财物之爱超越了廉洁自律，最终会变得一无所有。

请重判我吧，法官

李东翁

这是我办理的所有刑事案件中，唯一一件被告人请求法官重判他的案件。

这是一起强奸案。被告人罗某和被害人李某本是恋人，在一个公司上班。一次约会到深夜，罗某提出去开房，李某拒绝了，但没有想到，平素对她呵护有加的男友竟然强行把她拖到了小旅馆，她的激烈反抗招来的是男友的拳打脚踢。为了避免遭受更严重的伤害，李某无奈之下和罗某发生了性关系。当欲望发泄完毕之后，罗某又心疼起鼻青脸肿的女友，送她去医院治疗，而李某趁机报了警。

一对神仙眷侣，却反目成仇。被告人不认罪，坚称是女方同意的，不是强奸；被害人不原谅，随案提起刑事附带民事诉讼，要求对方赔偿经济损失。这冲动的惩罚让我心酸。法庭上，我发表了一次独特的公诉意见：

"被告人和被害人从确立关系以来，一直和谐甜蜜，看看他们的通话记录，有时候一天通话次数达到 20 多次，真可谓一日不见，如隔三秋。但是今天，一个坐在被告席上，一个坐在附带民事诉讼原告人的位置上，可谓针锋相对、咫尺天涯。被告人罗某，我知道你对被害人有着深厚的感情，但你知道你的行为，对于一个从未有过性经历的女孩来说，是多么痛苦吗？你还记得你向被害人讲的那些甜言蜜语吗？现在，她就坐在离你不过几米远的地方，也许在今后很长一段时间内，你再也见不到她，今天是你向她道歉的最后一个

113

机会，你还不珍惜吗?"

这是倾注了我情感的公诉意见，我真诚希望他们可以消弭仇恨。幸运的是，被告人的眼睛从湿润变成潮湿，最终痛哭失声，当庭认罪，愿意赔偿全部民事损失，请求法院重判他。而被害人红着眼睛，要求撤回民事起诉，请求法庭从轻处罚被告人。最终，被告人因为认罪态度好且得到被害人原谅，被从轻判处其有期徒刑 3 年 6 个月。

人非草木，孰能无情。再穷凶极恶的人，内心也有一根柔软的弦。检察官本就应当左手持剑，右手抚琴，只要我们肯多付出一点关爱和真心，就能打动人的内心，唤回迷失在欲望中的真诚和善良。

生命：无法承受之轻？

袁志光

这件案子并不复杂。湖北男青年陈某因无法满足女友买婚房的要求，独自到广州打工，因心情糟糕加入以自杀为主题的 QQ 群，认识了两位同样消极有自杀念头的女孩，某日相约到其出租屋，企图通过炭烧方式自杀。后一名女孩苏醒离开，他也醒来无事，另一名女孩最终丢了性命。

我先后两次提审陈某。第一次见到陈某，明显感到他情绪极度低落，毕竟是从死亡线上爬回来的人，又即将面对亲人、世人和法律、良心多重谴责。他说清醒过来后就非常懊恼，为什么死掉的不是他而是另外一位女孩子。被送到医院治疗时本想割脉寻死，后来被医护人员制止了。前些日子还天天想到死。

面对死亡念头如此强烈的年轻人，我不由得心生悲悯。在提审之余，用亲情和美好生活召唤其求生的勇气。法条的背后，难道不是人性的善良和可贵吗？

第二次再去提审时，陈某的气色明显好多了，眼睛里也透出一丝神采，念叨说常想到自己的父母和女友，同仓的人也经常去劝他。现在他已经不想死了。

我不禁长长舒了一口气。心里明白，虽然这位年轻人未必清楚将来还有多少不堪的遭遇，他的女友还能不能继续留在他身边，还有那所尚无着落的房子，但至少此刻的他很清楚，活着比死去要更有意义。这样就足够了。

漫长守候，只为给孩子一夜美梦

刘世满

当犯罪嫌疑人的车出现在车库时，已是晚上 11 点多，蹲守了 3 个多小时的检察院反贪局检察官们一下子情绪高昂起来。带队的科长依旧严肃冷静，一摆手："大家不要冲出去，等一下，车上有小孩！"

车停好后，犯罪嫌疑人打开后备箱，拿出好几袋东西，他身旁的孩子满脸洋溢着幸福，袋子里也许是新衣服或新玩具，他们应该度过了美好的一天，但是我们毫无心情欣赏如此温馨的画面，看着他们走向电梯，我们一脸沮丧：难道抓捕行动放弃了？

车内的气氛突然变得沉闷，谁也不想说话。沉寂了一会儿，科长平和地向大家解释："这孩子还小，如果我们当着他的面直接把人带走，肯定会给他带来阴影，他爸爸也许难得抽出时间陪小孩，对孩子来说，今天是快乐幸福的，我们也就当作是做好事吧，让小孩今晚睡一个好觉。"说完这句话，科长叹了一口气，脸上流露出愧疚的神情。

未婚的我听完这番话，思考了一会儿，似乎理解了科长的决定。作为一名长期在查办职务犯罪第一线的检察干警，一旦办案忙起来，经常不分白天黑夜，没有固定的节假日，有时候连续加班十天半个月，陪伴家人小孩的时间甚少。目睹这幅温馨的画面，科长应该最有感触，也许他现在最渴望的是赶紧回家，抱上儿子美美地睡上一觉。

然而我猜错了，科长决定今晚继续在车库蹲守，第二天等犯罪嫌疑人上班时再择机抓捕。终于熬到了清晨，犯罪嫌疑人出现的那一刻，我们一行人冲出去，亮出证件、法律文书，再将他带走。大家都很疲惫却愉快轻松，这份愉悦不只是顺利抓获犯罪嫌疑人那么简单。

对于我们来说，查办案件、抓捕犯罪嫌疑人只是我们经常的工作，但是对于孩子来说，却意味着他可能很长一段时间见不到爸爸，甚至自己的人生将发生天翻地覆的变化。此时的我心情是复杂的，查办职务犯罪是我的职责所在，但是我也不希望这孩子的童年蒙上阴霾，我想我们能做的也就这么多了。

在审问过程中，犯罪嫌疑人得知我们为了不影响其小孩而主动放弃抓捕机会后非常感动，在半小时内就如实交代了自己受贿的行为，大家都很开心，而我则在内心一直祈祷，希望他的孩子能够健康成长，长大之后不要像自己的父亲一样误入歧途。

前 车 之 鉴

QIAN CHE ZHI JIAN

“品牌市长”的眼泪

庞良程

　　广东省某市原市长李某是全国查办的内幕交易、泄露内幕信息犯罪案件中首位正厅级官员，也是我近20年公诉职业生涯中面对级别最高的被告人。2010年12月15日，案件出现在我的办公桌上。

　　2010年12月28日上午，我在看守所见到了她，她戴着手铐坐在铁窗前。在我面前，她好像有讲不完的话，从案件事实谈到成长经历、后悔害了家族、牵挂病重住院的父亲、思念在香港求学的女儿、隐匿身份不想被监仓的人知道……这时，窗外飞过一只小鸟，在明媚的阳光和蔚蓝的天空中划出轻快的叫声，她突然失声痛哭，泪流满面，“我都不如窗外这只鸟，它还有自由，原以为离开纪委被双规后，最多免职就可以回家了，没想到会来到这里”。2010年春节过后，我把她送上了法庭，开庭时间定为4月6日至7日。这一天，李某是和她的丈夫、弟弟、弟媳等人一起被带到法庭悲情相见的，我发现她头发花白，面容略带憔悴，也许3个月来她想了许多。当回答问题时她又面带微笑，声音干脆、响亮，让人看到她配合庭审的积极姿态。当我问她对内幕交易行为有什么认识时，她的回答让人有些诧异和深思：“走到今天这一步，我非常痛心，根本不懂证券法，甚至在纪委谈话时，都没有意识到自己的行为是犯罪，还以为自己最多只是违纪或违规，是纪委的同志给我看证券法，我才知道要负刑事责任，所以领导干部学法非常重要。”

　　当我问她是否配得上"中国十大品牌市长"称号时，她突然失声痛哭："我不配，我是一个活生生的反面典型，对不起家人、女儿，更对不起组织的培养。"

　　2010年10月27日，李某终于等到了宣判的这一天，她说"今天是我人生最痛苦的一天"，年满57岁的她将面对11年的铁窗生活，还有2000万元人民币的高额罚金，我又一次看到她的泪水，"我是从骨子里热爱党的，我身上还有好多好的品质，我十分后悔自己的过错，一定会好好改造，争取早日回归社会"，她说得满怀深情。我更希望那些官员们从骨子里热爱人民，真正做到权为民所用、情为民所系、利为民所谋，果如此，李某的眼泪就不会白流！

失眠的贪官

蒋森华

有人这样开玩笑："什么是幸福？幸福就是吃得好、睡得好！"虽然说得有点极端，也不无道理，比如失眠，有过这种经历的人都知道，那痛苦之深，远不是一般人所能想象得出来的。

有时，我甚至幻想，对于那些表面上冠冕堂皇，满嘴仁义道德，实则男盗女娼的贪官来说，如果追究他们的刑事责任尚不足以平民愤的话，就让上帝惩罚他们失眠吧！

多年前看到一则新闻，说的是贪官韩某的三次失眠经历，给我留下非常深刻的印象。

韩某在担任安徽省某市区委书记、市委宣传部长、市委常委、组织部长期间，利用职务之便，先后75次收受32人的贿赂90.4万元，被铜陵市人民法院判了14年。

韩某从一名威风八面的厅局级干部演变成为一个阶下囚，据说他不是很舒坦和快乐。因为他在这个过程中至少有过三次叫他痛苦不迭的失眠经历。

第一次失眠发生在他第一次受贿以后。1996年的某一天，一个陈姓的行贿人呈上2000元希望韩为他解决工作调动问题。收下这2000元的当晚，韩失眠了。在看守所，面对检察官讯问，他坦承："思想斗争了很久。"但是，"最终侥幸和贪婪缴了理智的械"。

第二次失眠发生在2002年的一天夜里。当天下午，时任该市委常委、组织部长的韩某在阜阳市委会议大厅看一部

检察官札记

令很多人心情沉重的资料片，在场的还有该市各级头头脑脑共2000余名官员。屏幕上，一个50多岁的男人匍匐在地上，以头叩地，用颤抖的声音交代自己的罪行。而这个以头叩地的"男主角"就是大家熟悉的该市前市委书记、安徽省前副省长王某。

这天夜里，韩某又失眠了。

第三次失眠发生在他接受审判的前夜。2003年8月19日，韩某案开庭。在谈及前一夜的睡眠状况时，他告诉记者："10点多躺下，不到12点就醒过来，就再也睡不着了。"

所以，站在检察机关的角度，预防职务犯罪，就要在贪官收受送上门的第一笔钱之前敲响警钟。因为手中握有一定权力的官员，会面临各种各样的诱惑。为了使他们战胜心中的贪念，守住心中的底线，就要时时刻刻进行提醒和警示。另外，就要严格执法，让那些贪得无厌的贪官经受法律的严惩，以警醒那些心存侥幸的人，不要以身试法，贪污贿赂会让他们失去自由、失去财产，还会让他们饱尝失眠的痛苦。

假面人生

金江鸣　陈宇清

现年 38 岁的湖南衡阳籍犯罪嫌疑人李某明，黑瘦矮小，一脸沧桑，额头和眼角的皱纹像刀刻一般，看上去至少比实际年龄老十岁。

轻轻翻开卷宗，经过审阅问话笔录、现场勘查报告、法医鉴定等一系列证据，经办人脑海中慢慢呈现出一幅清晰的场景：1996 年 9 月一个炎热的中午，广州市越秀区某拆迁工地上，时年 35 岁的小包工头李某生正躺在一扇门板上睡午觉。突然，年仅 22 岁的农民工李某明风风火火地闯进工地，叫醒李某生，讨要 800 元工钱。李某生以老板没有结算工钱为由一口回绝了李某明的要求。双方发生口角争执，随即互相打斗。犯罪嫌疑人李某明用一把尖刀刺向被害人李某生，致其心脏、左上肺破裂，并急性大出血休克死亡。血气方刚、健硕活跃的李某生转眼间变成了一具冰冷僵硬的尸体。

案发后，李某明畏罪潜逃。他曾经拾到一个身份证，就一直用那个身份证在福建、广西等地打工。5 年前，他在广西南宁认识了现在的女友，跟她同居并生了一个儿子。15 年来，李某明生活在他人身份的假面具背后，但这个假面具并没有带给他安全感。对杀人的悔恨、对惩罚的畏惧、对家乡父母的牵挂、对身边妻儿的依恋，种种复杂的情绪交织在一起，使李某明备受煎熬，他时时借酒消愁，患上了酒精肝、肝腹水。偶尔听到警笛鸣响，或见到派出所、街道检查出租屋，他都会心惊肉跳、夜不成寐。

　　2012 年 2 月，经过反复的思想斗争，李某明终于鼓足勇气，跨进了广西南宁某派出所的大门，向公安机关投案自首，希望得到宽大处理。根据刑事诉讼法关于地域管辖的规定，李某明涉嫌故意杀人案由犯罪地公安机关即广州市越秀区公安分局管辖。

　　此案移送越秀区检察院审查逮捕。经办人对案件的事实和证据进行了认真的审查，及时督促公安机关补充完善了相关证据，依法以涉嫌故意杀人罪对犯罪嫌疑人李某明作出了批准逮捕的决定。

　　在《逮捕证》上签名、捺指印时，犯罪嫌疑人李某明表现出如释重负的神情。16 年担惊受怕、惶恐不安的假面人生终于走到了尽头，他说，他相信自己这一次的选择是对的。

当官，不能迷失自我

刘　韬

　　我面前坐着的是一位年近 70 的老人。他面部的皮肤显得很松弛，给人一种慈祥的感觉。皮肤保养得很好，一双手也很干净。走在大街上，他与一般的退休老人无异。然而他却是一起轰动社会的贪腐系列案的头号主角。

　　看他的履历，他曾经很优秀，可能因为优秀，他变得骄傲。当年他位高权重的时候，据他的下属讲，进他的办公室，都会害怕到发抖。当年他在单位完全一个人说了算，就是因为这个"一个人说了算"，他落到今天的下场。

　　关于他的犯罪证据已经收集得很齐备，他本人也供认不讳。但是我需要反复不断地核实相关细节。对于犯罪嫌疑人而言，也许不断地回忆自己犯罪过程中的种种细节是一种痛苦和折磨。但是对我们而言，这是一种必须履行的职责。供述过程中，他泪流满面，不能自已。当一个人卸下他所有的伪装的时候，他会回归真诚。他说他曾经很有抱负，但是生活改变了一切。接受调查的前夕，他还在国外，正和定居在国外的儿女一起享受天伦之乐。当他被要求回国时，他就感觉到要"出事"，但是不知道为什么，他说，他还是回来了。他说他对不起曾经信任他的人，也对不起那些在成长道路上曾经帮助过他的人。

　　讯问完毕，外面在下雨。从审讯室返回监仓，有一段露天。他戴着手铐，当然也没有雨伞。我拿出雨伞，和他走在一把伞下。他说，谢谢你。我想，当他在位的时候，可能很多人给他打过伞。但是可能他没有对身旁的任何人说过"谢谢"。当一个人身处高位又缺乏监督的时候，或许渐渐变得只记得自己作为"官"的存在，作为"精英"的存在，作为"领导"的存在，而忘记了自己作为人的存在。当他将手伸向国家财物，当他手里攥着他人递过的贿赂，甚至连作为"官"的存在也忘记了。

还好，法律还在那里。惩罚或许痛苦，但能还原他的本真。

智商、情商、法商一个都不能少

蒋森华

深夜一点多，一套普通的出租公寓里，反贪局的十几个侦查员正在院领导的带领下紧张地搜查，但屋里似乎除了电器和家具，别无他物。再次仔细搜索，一名细心的干警终于发现大床有点可疑：床的靠背被很多钉子钉住了。"难道他把现金藏在这里面？"他们兴奋得差点叫了出来。床靠背撬开后，一捆捆没有拆封的人民币呈现在眼前，经过清点，共有现金101万多元、一本54万元的活期存折以及手提电脑、高级数码照相机等价值人民币10多万元的赃物。在场的侦查员不约而同地舒了口气，脸上露出胜利的笑容。

案件终于告破，背后的故事却给人更多的思索。案件的主人公名叫李志明（化名），案发前担任某银行的会计员。那时他刚过而立之年，对银行业务非常精通，正处于事业的上升阶段。但由于妻子没有固定工作，还有一个几岁的女儿，他是家里唯一的经济支柱。他又长期沉迷赌博，欠下大笔赌债，生活比较拮据，常常与妻子为钱的事情吵得不可开交，加上那段时间银行系统搞综合改革，部分职员被裁员，生性孤僻的他老是担心有一天自己的名字出现在下岗的名单里，"如果这样，未来的生活怎么办？"一想到下岗后的生活压力，他就被一种莫名的恐惧感包围着。

作为一名每天经手无数现金和存款的会计员，他决定将黑手伸向自己经管的客户存款。经过仔细观察，他发现同事在输入电脑密码的时候并没有用手遮盖，熟悉电脑操作的他经过观察同事手部动作和电脑键盘的分布规律，最终窃取了同事登录电脑系统的密码，然后利用下班时间多次登录同事的电脑，采用"特权冲正"的方式调账，将231万元公款转入了自己的腰包。

这是一起典型的高科技智能犯罪，作为业务能手的李志明，在智商方面可能高人一筹，可惜他把高智商用错了地方，最终聪明反被聪明误，因犯贪污罪，被人民法院判处有期徒刑15年。由此看来，高智商不等于高情商，更不等于高法商。综观近年来发生的一些高科技犯罪，高智商的犯罪人在处理家庭、单位、社会等方面的关系时却往往表现得很"低能"。还有些犯罪人连起码的法律常识都不具备，以至于自己犯了法，犯了罪，还糊里糊涂，不明就里，这就是典型的"低法商"。

有人说，在当今这个社会，智商、情商、法商一个都不能少，只有这样才能行得正，走得稳，想想确实很有道理！

心中那些 "该牢记的"

彭 亚

拎着一大叠卷宗材料，我和同事一同走进看守所审讯室的大门，一眼就望见准备作笔录的犯罪嫌疑人。当他抬头看见我们时，他的眼神中透射出焦灼和期盼，似乎有什么话想跟我们说，我冷静地向他表示有什么事情要反映。他便急不可待地向我们开口了："两位检察官，我什么时候能出去？公务员法里可是明确规定旷工或者因公外出、请假期满无正当理由连续超过十五天将被辞退，我已经有好几天没有去单位上班了，会不会被单位辞退啊？"

虽然我已经无数次走进过审讯室，但是遇到提出这种问题的犯罪嫌疑人却是第一次，在我面前的那一叠材料中就夹着今天要向他正式宣读的逮捕决定书。当他着急地向我们发问时，我不禁暗暗 "佩服" 他居然能对公务员法里的这一条倒背如流，心中也产生了少许怜悯。在踏进审讯室的那一刻我并没感觉到手中这份逮捕决定书的分量，因为对于我来说这只是依法行事，但是此时此刻，面对一个被限制自由的犯罪嫌疑人，它是那么的沉重！我并没有直接回答他的问题，而是展开了面前这份对他带来沉重一击的法律文书，郑重地宣读起来。

宣读完这份并不长的法律文书，我看见他那双在前一刻还饱含着焦虑的眼睛突然如被熄灭的烛火，瞬间失去了任何的光彩，眼睛下方因为失眠而造成的黑眼圈在他的脸上笼上了一层如死灰般的阴影。他张开口想说什么，终究什么都没有说，身体瘫软在椅子上。我想此刻他终于意识到，他失去的可能不仅仅是自由、工作、家庭，甚至更多……

片刻的沉默过后，他才缓过劲来，向监管人员提出要抽根烟，他哆嗦着双手，接过点燃的香烟，狠狠地吸了几口，神情略微镇静了一些，慢慢地开口辩解："我老婆已经下岗多年了，我的儿子现在还在上大学，那年家里刚买了房子，因为没钱装修一直都无法住进去，于是我开始利用手中的职权向有求于我的人暗示或者直接索取贿赂……"

此时，他的辩解显得那么苍白而无力，也许他口中这些所谓的"理由"确实客观存在过，但是任何经济上的困难都不是也不能成为他收受贿赂的正当理由，正所谓"君子爱财，取之有道"。我惊讶于他能时刻牢记公务员法里的各条规定，可是在法律面前，他对自己所触犯的种种刑律却选择了"视而不见"，在道德观面前，他的大是大非泯灭在贪欲之下。他即将面对的可能是漫长的刑期，事业的毁灭，家庭的破碎和亲人的失望，也终将为曾经罪恶的行为付出沉重的代价。

笔录作完之后，我望着他那萎靡的身形，很想问问他："既然你能熟读公务员法，为什么你却不将'为官清廉'四个大字牢记心间？"终究我还是沉默了，其实他何曾不知道，只是在金钱私欲的面前遗忘了当初的本性。

他是个"坑儿"的爹

曾　毅

　　在"我爸是李刚"、郭美美炫富等荒唐事情频现的今天，"坑爹"、"坑干爹"早已从一件件具体事例中脱胎成人们口中的笑料，但可能没有人会想到，有"坑爹"的熊孩子，还有"坑儿"的糊涂爹。

　　刘某某曾是某区药监局局长、城管局局长，在任时坚持"不给钱不办事"的原则，"立场"鲜明，"底线"明确。内部人员晋升、保洁项目招投标等各种事项都成为他的"致富"项目，懂规矩的人来求他办事时，刘局长只需稍微暗示，来者便恭敬奉上好处费，若来客是稍微不太"懂事"的人，不要紧，刘局长会明白地提示一下，当然，还有更直截了当的——伸手索取好处费。为了掩人耳目，刘局长想到了一个名正言顺的方式，通过其儿子，某教育培训中心的执行董事刘小某，以培训中心提供咨询顾问的名义，收受请托人贿送的金钱。俗话说，上阵不离父子兵。在刘局长的受贿"工程"里，他常为自己这一招妙棋沾沾自喜——自己没有直接收取任何费用，而儿子提供了咨询服务，收取费用是应该的，即使是被人知道，也追究不了任何的法律责任。没想到，父子受贿一条心，牢狱之苦尝不尽。

　　"不准利用职务之便，为配偶以及其他特定关系人收受财物"是《中国共产党党员干部廉洁从政若干准则》的具体要求，刘局长却默许纵容授意儿子利用自己的职权和职务上的影响谋取利益，品尝过金钱的甜蜜，不想最终被金钱送进了"班房"。

　　金钱，从来都是人们追逐的目标，尽管人们常说"钱不是万能的"，但这并不妨碍人们出于各种目的去追求它、想方设法地拥有它，甚至有人以拥有金钱的多少来衡量成功与否，因为不少人坚信"没钱是万万不能的"。

　　金钱，到底是天使？还是魔鬼？劳动的钱，使你幸福坦然，奖励的钱，使你加倍努力，捐助的钱，使你感到温暖。这些钱就是天使。而利用一切不法手段去谋取的金钱，贪污、受贿、诈骗……则是魔鬼，一旦被它抓住，它就会像绞刑架上的绳索一样折磨你，你越挣扎，被套得越牢。钱本无罪，归根结底，不过是"君子爱财，取之有道"罢了。

青年干部请走稳每一步

李　东

"请讲一下你的基本情况！"

"我叫×××，198×年×月×日出生……"

从他的交代中我得知，他出身西部农村，大学毕业后顺利通过广东省公务员考试，4年后被提拔为副科长。其父母均是地地道道的农民，其妹妹仍在就读大学，学费全部由他资助，其妻子目前待业在家抚养他们不到一岁的孩子。

自从踏进检察院的大门，从事自侦工作的我，面对着贪婪成性、视权利如生财之道的贪官、庸官，我便暗暗发誓要用法律的利剑去斩断肮脏的交易，要用刑罚去严惩这些罪恶的灵魂，要用人民赋予我的使命和职责去展现公平和正义。

然而面对这样一个简单且事实清楚的案件，面对这样一位同龄的犯罪嫌疑人，我内心久久不能平静。在走访他单位时得知，其性格谦和、友善，做事踏实、稳重。年纪轻轻的他，工作4年就被提拔为副科长，这足以证明他的优秀。但是，在一次执法中，其没能经得住诱惑，面对一个神秘的、鼓鼓的信封时，他动摇了……在那一刻，他想到了在黄土地中挥汗如雨的父母，想到了在大学里排队交学费的妹妹，想到了待业在家的妻子，想到了嗷嗷待哺的儿子……却没想到"莫伸手，伸手必被捉"。为了这钱，他葬送了自己的前程。家里需要钱，然而君子爱财，取之有道。作为一名成年人，作为一名执法官员，他应该对他所做的事情负相应的法律责任。我们在运用法律对他进行应有的惩罚前，更应该去关注如何防范我们年轻干部的蜕变。

金钱、权力、美色本身并没有错，错的是人们对金钱、权力、美色的无限欲望。幸福不是纸醉金迷、不是高官厚禄、不是左拥右抱，而是物质生活不断丰富，精神生活不断充实，社会环境不断优化的一个状态。作为凡人的青年干部对这些事物的追求，本无可厚非，但也应遵守基本的社会、法律道德准则。

德才兼备，以德为先。这是我们党选拔年轻干部的标准。德、才好比人的两条腿，青年干部在一路狂奔的同时，请放缓你的脚步，关注下你属于"德"的这条腿，只有协调好两条腿才能走得更快、走得更稳。

从局长到阶下囚

张　燕

　　在反贪局工作，经常要与形形色色的国家工作人员打交道。前一刻，他们可能还在勾画自己的政治蓝图，下一刻，可能就成为阶下之囚。在这过程中，人性善恶展露无疑，人生百态叫人感慨良多。

　　邓某某，一名转业干部，转业到地方之后，他的仕途一帆风顺，从科长、处长、到分局局长，别人挣扎半生才能得到的，他在短短几年中就得到了，可能是成功来的太容易，反而不容易珍惜。官升了、权大了、心也大了，他开始如大多数堕落的官员一样，抛弃发妻、包养情妇，利用手中的权力满足情人的物质享乐。至案发时，他与同案的肖某某共同受贿人民币90余万元，个人分得人民币40余万元。

　　令人讶异的是，在邓某某被逮捕之后，他的情人不能再从他这里获取生活费，两人之间积聚已久的矛盾一下子爆发开来，彼此反目。他的情人到处控告他故意伤害，要求司法机关对他严惩，昔日两人间的恩爱如镜花水月，消失不见。而此时，已经与其离婚的前妻反而到处为他奔走，为他请律师，为他退赃，为他照顾老人小孩……

　　到看守所提审邓某某时，他一脸的焦躁，面色也很差，他跟我们说："我现在悔得肠子都青了，本来我的仕途一帆风顺，我马上又要升职了，哪想到会落到今天这步田地。以前单位搞廉政教育，我总觉得这跟我有什么关系，从未有过更切身、更深刻的体会，如果当时单位的廉政教育是让我们到看守所来体验几天，那不管面前有多大的诱惑，估计我都不会伸这个手。现在只要能给我自由，我可以什么都不要，哪怕是我一无所有，哪怕是让我摆摊做苦力，只要有自由，都比待在看守所里面强。"提及他的妻子、女儿，他更是泣不成声，"我有一个这么好的老婆、这么乖的女儿，我却不知道珍惜，为了自己一时的享受，却带给她们一生的伤害。我都不知道要怎样面对我的女儿。"家庭、自由这些平时触手可及的东西，现在他才感觉到这些东西的珍贵。

匈牙利诗人裴多菲曾说："生命诚可贵，爱情价更高，若为自由故，两者皆可抛。"我想说："人生有所为，有所不为，珍惜已有的，莫待失去之后空悲忆。"

为官者要警惕送上门来的第一笔钱

陈新风

关于破窗理论的大意是：如果某条大街上有一扇窗户破损了却没有及时更换修补，过不多久，就会有越来越多的窗户被打破。

有人怀疑其真实性，我也没做过求证。其实可以这么理解：某个墙脚，一直挺干净。某天被人放置了一袋垃圾，若没及时清走，那么过不久，就会有越来越多的垃圾放在那里。

美国纽约前任市长朱利安尼面对纽约居高不下的犯罪率，用抓违法小节（如在墙上乱涂乱画、不买票从地铁闸机跨过等）的办法，成功地降低了犯罪率，看来神奇。

为官者一定要警惕送上门来的第一笔钱。重庆某管委会主任冯大刚，是名学者型的官员，以前还是比较清高的，也知道违法乱纪的事情不能做，但是，他收下第一笔钱后，心存侥幸，自认为不会被发现，便隐瞒下去。谁知有了第一次就有第二次、第三次，最后一发不可收拾，直到坐牢才后悔没有警惕第一次。

中国古语云：莫以恶小而为之。又有"小时偷针，大时偷金"之说。道理浅显易懂。在贪腐分子第一次伸手、第一次吃请之前设立防线，结合严肃的查处和广泛的宣传，能否取得好的效果呢？有人不以为然。但我认为值得一试，值得再试。

因为，看到又一职务犯罪分子落马，总能听到这样的评价：某某其实挺能干、挺有才的。是啊，中国虽不缺人，但国家培养一个人才也是不容易的。每当看到、听到或亲手将一些或风华正茂或即将退休安享晚年或家庭的荣耀或儿女心目中的偶像送进看守所、送上法庭，并通知给家属时，面对其父母、妻子、子女的愁云惨雾、哭声喊声、绝望的眼神，虽已习惯于不动声色，但心中仍然不快乐。突破案件时的一点点成就感早已不见踪影，取而代之的是沉重、很沉重。

为什么反腐败的规章制度有千百种，却仅仅是印在纸上、挂在墙上；为何那么多人会心安理得地吃请，从收些小礼品、土特产、年货，到收取巨额贿赂；从为图方便用个人账号收取公款，到禁不住诱惑，动用公款炒股、买基金。最终其中一部分人越走越远，以至于回不了头？

结合破窗理论，我们也许能从中得到一些启示。

警惕"小意思"

周光佑

正是新春佳节时。张经理熟练地敲开了交通局阎局长的家门。"阎局长，新年好啊！一点小意思，不成敬意啦！"寒暄间，张经理麻利地将装有 2 万元的"意思"放在了茶几的隐蔽处。

这是检察机关查办的许多行贿受贿案件的缩影和剪辑，也是一些不法分子拉拢腐蚀干部的惯用手法之一。在这里，"小意思"既是他们掩饰不法企图的遮羞布，更是他们攻破堡垒的敲门砖。

"小意思"中有大奥妙。社会心理学中有一种"门坎效应"，指的是一个人一旦接受了别人的小要求，往往就会接受大的甚至有违心意的要求。现实生活中，行贿受贿者大多如此。行贿的人，开始往往只是很得体地送些小东西，提出一点人家可以接受又不违反原则的小要求；渐渐地，他的贿赂就会加大，要求也会由小变大。而受贿者，开始接受行贿者的小东西时，也认为是无关紧要的小问题。但是，当跨过这个"门坎"后，受贿的数目就会由小变大、由少变多，从最初的吃一点、喝一点、玩一点、拿一点开始，慢慢放松警惕和约束，在温水中越陷越深，最终由"湿鞋"到全身下水。

"小意思"中有大陷阱。检察机关查办的一些行贿案件中，行贿人无一例外的都是希望通过"小意思"换取大利益，他们奉送的形形色色的"小意思"，都是大小不等的陷阱和"糖衣炮弹"。向胡长清行贿的个体老板周某某的观点是"我为钓者人为鱼"。一个走私分子在接受审讯时说，他表面上赔笑脸向贪官们大把送钱，背地里却非常鄙视这些人，说那些贪官都是"饿狗"，扔一根骨头就会跟着走。这些人不管把自己看作是钓鱼的或者是喂狗的，但都是把被他们收买的干部当猎物看待的。

"小意思"中有大危害。徐州市建设局原局长赵大荣（化名），因受贿被判处有期徒刑13年。在监狱中，她反思了自己腐败的代价，仔细地算了七笔账：一算政治账，自毁前程；二算经济账，倾家荡产；三算名誉账，身败名裂；四算家庭账，夫离子散；五算亲情账，众叛亲离；六算自由账，身陷牢笼；七算健康账，身心憔悴。在谈到家庭和女儿时她说："我本有一个和睦幸福的家庭，而这一切都因我的贪婪而葬送，还将背负着我给他们带来的耻辱。我不知道我的女儿怎样面对残酷的现实和世人的冷眼！"这七笔账可谓是字字血泪，发人深省。

中华民族素以文明礼仪著称于世。警惕"小意思"，并不排斥亲朋好友出于亲情、友情的正常礼仪往来，但对于那些不怀好意的"小意思"的确大意不得。

就业再难也应坚守底线

鄢　静

　　看着被告席上这群风华正茂的年轻人，我的心情很沉重。

　　他们都很年轻，很多才刚离开大学校园不到半年，他们从人才市场被这家所谓的"证券公司"招聘，在公司老板的安排下，使用着虚假的公司名称，全天候地向全国各地的"客户"拨打电话，游说"客户"投资与"公司"合作炒股，老板收到钱，他们就能从中提取不菲的提成。短短一年时间，这家"公司"就从全国各地诈骗所得人民币 3000 多万元。

　　提审他们的时候，他们辩解最多的是："都是老板叫我说、让我做的。老板说如果我不做，还有大把人等着做。收钱的是老板，我只是打份工。"这就是他们理直气壮的理由。当得知"公司"安排给他们的唯一任务就是拨打电话、唯一业务就是让"客户"投资时，当看到"公司"经常变换名称、不允许他们告诉"客户"真实地址时，诸多这样明显的反常情况没有唤醒他们的麻木。当明明已经知道自己的行为就是帮助犯罪时，他们都毫无例外地选择了继续、选择了心存侥幸，也同样选择了犯罪。

　　根据我国刑法和相关规定，像这种明知他人犯罪而予以帮助的，是共犯。他们所谓的"打一份工"，看似打工，实则犯罪。法律是道德的底线。在充斥着形形色色的诱惑、圈套的社会中，能驱使大家辨析真伪，趋正避邪的最强大武器，是人们心中崇高的道德和对法律的敬畏。在面对明显是犯罪的"公司"时，如果这群年轻人心中的道德让他们不漠视他人财产被骗，不贪图蝇头小利，他们之中能有人及时站出来向司法机关举报……那么，这个社会，将会少很多被害人和被告人，也将会有很多家庭因此而免遭厄运。即便他们出于种种顾虑，选择沉默，至少也应该坚守住道德的底线，不助纣为虐。可惜的是，这些，他们都没有做到。

庭审结束，坐在公诉席上目送这群年轻人离开法庭返回看守所，我感慨良多。每个人都有权对自己的前途作出选择，就业虽难，但绝不应成为一个人放弃良知、以身试法的理由。面临选择时，请一定慎重。

勿以利小而不拒

陈仕俊

当前领导干部面临着各种诱惑与陷阱，稍有不慎就可能酿成大错，这样的案例让人痛心、发人深省。

在我们办理的某区委书记涉嫌受贿一案中，一个下属的局长任某为了在职务升迁过程中得到关照，想方设法讨好该区委书记，在任某连续贿送现金近十次而职务升迁仍未实现的情况下，任某左思右想如何才能打动区委书记，后来任某打听到一个信息让其如获至宝。

那就是该区委书记喜欢羊脂玉，于是任某果断放弃之前"俗气"的直接送钱方法，而改为送玉器以投其所好，在任某购买到一件玉器准备送给该区委书记时，任某担心对方拒收，于是就隐瞒了玉器的价值，谎称只是纪念品，该区委书记于是随手就收下了这块不起眼的石头。

尽管区委书记喜欢这件玉器，但一直以为这块石头不会太值钱，直到案发后经司法鉴定，该玉器的价值高达人民币32万元，对此，该区委书记也感到非常惊讶和后悔，因为不经意间收下的一块石头而付出了沉重的代价，而任某也被检察机关依法以行贿罪追究刑事责任。可见，廉洁自律的弦一刻也不能松懈，否则在一块小石头上面也会栽大跟头。

"苟非吾之所有，虽一毫而莫取"，这是苏轼留下的警世名言，他告诫为官者要清正廉洁、严格自律，这句话在今天仍然具有深刻的警示意义。当前少数不法分子为了谋取不正当利益，千方百计地拉拢腐蚀领导干部，有的先贿送价值较小的款物，从而将心存贪念的人一步步拖下水；有的则贿送玉石、文物、艺术品等礼物，这类物品往往外表很平实，但实际上却非常贵重。一些警惕性不强的领导干部经常在误以为价值不大的情况下收下这些礼物，从而落入了行贿人布下的圈套，最后受到了法律的严惩。

因此，我们要常思贪欲之害、常排非分之想，时刻警惕各种诱惑，切勿以价值不大、数额较小为理由收受他人财物，从而陷入贪赃枉法的泥潭。

抢来的横祸

王树茂

　　已经有车有房的余某，经不起朋友的一再利诱，与他们合谋去南宁抢劫毒品、贩卖分成，当同伙在番禺某酒店打算"出货"时，被人赃俱获。余某闻讯逃回贵州老家躲藏，半年后，在法律威慑和逃亡生活的双重压力下，他主动向公安机关投案。

　　余某一再辩解自己只是"赚取路费"，对同伙去南宁的真实目的毫不知情，更没有参与抢劫、贩卖毒品的行为。按照法律规定，投案后不如实供述自己的罪行，不能成立自首，不能获得法律的从轻处理。

　　"法律是冰冷的，但我们可以用温暖的方法来处理。"法庭调查开始前，作为出庭支持公诉的检察官，我在征得审判长的同意，并与辩护律师商量后，决定在自愿、合法的基础上，给余某最后一次供述的机会。法庭上，余某仍然辩解自己是无辜的。然而，三名同伙一致指证余某完全知情、参与了犯罪预谋、现场踩点和电话联络，调取的通话清单也予以佐证。现代法治文明赋予被告人无罪辩解的权利，办案人员应当告知坦白从宽的法律规定，却不能强迫被告人认罪。

　　法庭辩论阶段，我剖析了"黑吃黑"案件的惨痛教训，当讲到"利欲熏心，一念之差，导致一起抢来的横祸"时，余某流下了悔恨的泪水。根据具体案情，我提请法庭注意，余某具备如下从轻处罚情节：在犯罪中起帮助作用，系本案从犯，并非职业毒品犯，抢劫的毒品在控制下交付、未流入社会。对此，余某露出无比感激的目光。

我坚信，检察官不仅是打击犯罪的主力军，还是忠实的法律守护人。一位先贤曾经说过："检察官应力求真实与正义，因为他知晓，显露出的狂热（片面打击被告人）将减损他的效用和威信，他也知晓，只有公正合宜的刑罚才符合国家的利益！"犯罪是一个复杂的社会问题，犯罪者并非都是十恶不赦的恶魔。法律的惩罚报应与人性的呼唤感召，两者不可或缺。

一巴掌打出来的牢狱之灾

许旎娜

这是我办案以来第一起相对不起诉案件，也是案情最轻的一起案件。

叔侄两家在村里开了两间相邻的花场，叔叔家的花场所处地势较高，在日常的一天里，婶婶冲洗花场时不小心让污水流到了侄子家的花场内。侄媳妇一看不乐意了，开始破口大骂婶婶，粗言烂语的，叔叔实在听不下去，上前就给侄媳妇一巴掌，然后扬长而去。侄子回来看到媳妇微微发肿的脸蛋，又是心疼又是生气，什么家丑不外扬的也顾不上了，立马报警、验伤！这一验不打紧，侄媳妇的左耳耳膜给打穿孔了，轻伤，已构成刑事案件立案标准。事后侄媳妇主动申请撤案，叔叔被取保，但案件依旧按程序移送到检察院审查起诉。

接案后，我提审了犯罪嫌疑人，这位憨厚的汉子不安地揉着衣角，说："她当时骂得实在太难听了，哪有侄媳妇这样骂婶婶的，我就想着我作为长辈教训一下晚辈，怎么也想不到这样还要来检察院呢。不是取保就没事了吗？"他还不知道等待他的也许是法院的判决。我又把被害人叫过来询问相关情况，年轻的女子忐忑地说，这个事情自己也有错，两家案发后不再来往，她的奶奶（犯罪嫌疑人的母亲）很生气，回老家都不给自己好脸色看，现在亲属关系很尴尬。我问她："你的耳朵怎样了？"她轻声说："已经好了，现在没事了。"

　　本来，这个案子按正常程序走下去，就是诉到法院，判个缓刑或拘役什么的。但是如果这样，犯罪嫌疑人就留下个案底，两家关系也会更加僵化，这不符合犯罪嫌疑人和被害人的意愿，社会效果也不好。

　　于是在主诉官的支持下，我提议对该案作相对不起诉处理。我们联合本院控申科的同志，由区司法局人民调解委员会介入进行检调对接，促使双方达成赔偿协议，被害人也出具了书面的谅解书。接着，科讨论、过检委会，从上至下一致同意作相对不起诉处理。

　　宣布相对不起诉决定的那天，叔侄两家人腼腆地相视一笑，自此握手言欢。

　　故意伤害致人轻伤，根据我国刑法规定，已构成故意伤害罪，依法应当判处三年以下有期徒刑、拘役或者管制。刑事诉讼法规定：对于犯罪情节轻微，依照刑法规定不需要判处刑罚或者免除刑罚的，人民检察院可以作出不起诉的决定。

　　一巴掌致人轻伤被判处刑罚的并不在少数，只是基于本案的案情特殊，犯罪嫌疑人才得到了一个相对不起诉处理的结果。有时基于被害人身体素质或外部因素带来的连锁反应，一巴掌还可能导致重伤甚至死亡的严重后果。当你愤怒地挥起手中的拳头，想给对方一点教训时，请慎重考虑，这个教训，你是否承担得起？

利益小道上迷失的文化人

张国宏

林某退休不久，是曾经的中学教育专家、某重点中学校长，因在学校实验室建设中收受设备供应商的好处费，组织编写中学教辅资料时收受出版发行商的提成和回扣，涉嫌受贿罪被检察院立案侦查。

在办理该案的过程中，两件事让我印象深刻：一是在讯问阶段，林某还没有忘记某天他要到教育局开会，让我们帮他请假；二是半夜时分，我让他睡觉休息一下，他说像他这样的有罪之人，不能搞特殊化，觉得让他睡觉是额外照顾。谈到过去，他会流露出桃李满天下的荣耀，说到受贿，他顿时神色黯淡。我们发现，他其实是一个充满智慧的老人，一名治学严谨的老师，一位专业精深的专家。教辅资料是一块利润巨大的蛋糕，身为校长的林某便成了商人们眼中分切这块蛋糕的那把刀。在利益的诱惑下，林某逐渐丢弃了文化人的矜持和为人师表的操守，权力的放纵让他得到了虚幻的尊重和荣耀。东拼西凑，甚至错漏百出的教辅资料，像污水一样不断流入校园，学生为此增加了经济和精力的负担，参与的教师在良心煎熬中分享着蝇头小利。林某自认为做得天衣无缝，心安理得，直至事发才幡然醒悟，悔不当初，正如他自己交代：做校长多年，潜心治学，没想到退休了还会东窗事发，真是太不值得了。

林某必将会受到法律的惩罚，当别人在夕阳的余辉中感怀过往的绚丽时，他会沉默在失去自由的懊恼之中：前尘往事心难静，金银财宝皆浮云。

卖气枪子弹赚了 4.8 元，
也带来了一年刑期

张 浩

商人需要具备挖掘商机的敏锐嗅觉，然而，老吴嗅到的"商机"却给自己带来了一年有期徒刑，缓期二年执行的刑罚……

老吴是一名退休的国家工作人员，多次资助教育事业并向灾区捐款，是一个优秀的党员，写得一手好字。退休后，他便在老伴经营的文具店工作。去年初，有顾客来到老吴的文具店里问卖不卖气枪子弹用来去山上打鸟做野味，未能做成这单生意的老吴心中很是遗憾，并由此发现了新的"商机"——批发了几十盒气枪子弹放在文具店内贩卖。直至被公安干警发现之前，老吴店里共卖出 3 小盒，一盒赚 1.6元，总共赚了 4.8 元。获利虽少，但老吴店里还存有大量未出售的气枪子弹，因缺乏相应书证证实其售卖气枪子弹的事实，检察机关最终以非法持有弹药罪向法院提起公诉，法院判处其有期徒刑一年缓期二年执行。钱没赚多少，却惹上了麻烦，收到判决之后，老吴悔不当初，一生遵纪守法却最终因一时无知而触犯法律。

在中国，对枪支弹药是实行严格管制的，不允许私自持有或者买卖。世界上发达国家如美国因为枪支弹药的自由流通，在看似民主的做法之下其实也为民众的生命安全埋下了定时炸弹。一些仇视社会或者缺乏自制能力的人会利用这些工具对无辜的人施加伤害，震惊世界的校园枪击案层出不穷，人人自危。气枪作为枪支的一种同样具有危险性，会造成严重的人身伤害，故而，私自持有气枪或者气枪子弹都属于违法，虽然老吴辩解自己卖气枪子弹只赚到 4.8 元，但是从文具店流转出去的气枪子弹却给社会安全带来了难以预测的隐患。

仅仅因为打野味就持有气枪，而又因为给打野味的人提供气枪子弹而遭受刑罚，即便有法律、制度、规则的约束，人们总是在欲望的驱使下为了口中的美味、手中的利益而情不自禁地触碰法律底线，只是代表暴力的气枪子弹能够被轻易获取并堂而皇之地出现在充满书香气息的文具店里，实在令人匪夷所思。

所以，无论如何，我们在做任何事之前，都必须考虑一下利害得失，掂量一下孰轻孰重，思索一下是否跨越了法律的界限，也许会使自己多一些理智，少一些后悔。

"哥们儿"义气要不得

郑定锋

　　在我办理的职务犯罪案件中，罪犯身陷囹圄的原因可谓五花八门，有的是出于贪念，有的是随波逐流，有的是因为家庭变故，而有的竟是被"哥们儿"义气所害。

　　那是2012年的2月，我经办了萝岗区某经济社副社长兼出纳钟某某挪用公款一案。为了查清案情，我和书记员到看守所提审钟某某。当钟某某戴着手铐出现在我们面前时，我多少还是有点意外，就30岁出头，竟然就是挪用经济社征地补偿款500多万元的犯罪嫌疑人，他的犯罪动机究竟是什么呢？是生活所迫？还是利益所趋？然而，他的回答却令我大跌眼镜。原来，与他一起做大排档生意的朋友有一次跟他说自己赌六合彩输了几百万元，现在正被放高利贷的追杀，乞求他帮忙筹钱还债。钟某某出于哥们儿义气，头脑一发热，便瞒着社长和村委，偷偷将其负责保管的经济社500多万元征地补偿款挪给了这位朋友，朋友信誓旦旦地说过一阵子就会筹钱还款，并称赞钟某某真够义气。

　　然而，时间一天天的过去了，朋友连还钱的意思也没有。到了年底，村委要查账了，钟某某知道纸是包不住火了，在家人的帮助下筹集了100多万元，把钱还给经济社后便选择了投案自首，而那位所谓的结拜兄弟最后一分钱也没有还给钟某某。说着说着，钟某某突然失声大哭，懊恼自己做错了事连累了家人，我拍拍他的肩膀："家里人是站在你这边的，我会把你的状况告诉你家人，让他们帮你筹钱退赃，争取宽大处理，早日出去与家人团聚！"钟某某感激地说："谢谢你检察官，我再也不结交这些狐朋狗友了，自己搬石头砸自己的脚啊！"

我们在社会上要与各种各样的人打交道，也会认识一些朋友，但是自己要擦亮眼睛，分清楚哪些才是真正的朋友，朋友有难处可以出手相助，但千万不要为了哥们儿义气而触碰了法律的底线！

刑罚与人生

蒋珊珊

从事检察工作多年，整日在看守所里、法庭上忙忙碌碌，上千个名字和面孔在头脑中定格、停留，终审裁判后，他们又像云烟一般消散。许多的案子我已经记不清，有一个却让我印象深刻。

那是一个挪用公款的案子。被告人是个很年轻的女子，大专学历，温柔娴静，在区内一家公办医院当财务，工作稳定，收入可观。看着她如同看着自己，年龄、经历都如此相像，我忍不住想，如果没有这起案件，她的人生大概会如同她的性格那样，平稳安定，有着无限幸福的可能。

她作案的动机是为了老公。二人结婚没多久，有一个年幼的孩子。有一天，老公告诉她目前正和人合伙做生意，利润丰厚，但需要大笔资金，等赚了钱，他们将来的生活会更加幸福美满。小夫妻俩没什么存款，妻子每天经手大额的门诊收入，经不住老公再三央求，她打起了公款的主意。

存心钻空子，漏洞总是显而易见，每天登记当日的收入款项，次日才与银行交接，她利用时间差私自截留一部分，并将收入的日期延后，顺利地挪出了第一笔钱。自此，少则一两万，多则十几万，她在长达一年半的时间内频繁挪出款项，源源不断地供给老公。

会不会有风险？什么时候能还上？她忧心忡忡，老公反复安慰她，肯定不会出问题，只是借来周转一下，很快资金就能回笼。有时老公也会给她几万让她先填回去，然而，雪球越滚越大，上百万的窟窿终于填不回去，被医院发现了。

她被判刑五年。

苦果是自己种的，我觉得她应该有心理准备。只是，对于老公的欺骗，她一无所知。事实上，哪来的合伙生意，他滥赌，钱全部输光了。对于一个为了爱情毫无保留付出的女人而言，这赤裸裸的现实更残酷、更致命。

讯问时，她说，其实她很害怕，每月的盘点都如临大敌，单子越填越乱，屡屡跟同事交接出现小差错，工作也开始狼狈不堪。我能想象，那种纠结的心理与混乱的场面。

"是你老公要你这么做的吗？"我想知道她老公是否构成教唆犯罪。

她面色苍白："不是，是我自己决定这么做的。他说需要钱，我想帮他。"

要判刑了，她还在袒护这个男人，这个为了满足自己滥赌的欲望，不惜让自己的妻子以身试法最终身陷囹圄的人。

最好的年纪、最好的 5 年，她要在铁窗里度过了，她用自己的青春和自由为这个男人可耻的欲望埋单。5 年足够让太多的事情发生，在监狱的人们固然身心一念，外面的世界必将时过境迁，每个人都将继续遭遇不同的际遇，重新拥有不同的喜怒哀乐。我忍不住猜测她的未来，她的家还在吗？她会有怨恨吗？

与同事谈起此事，唏嘘不已。我无意贬损爱情和亲情的价值，只是法律的红线这么刺眼、这么残酷，有时候你必须考虑人生是自己的啊！不是亲人的，不是爱人的，是真正自己的。

有些牺牲是伟大的，有些则是盲目的，即使为爱，也当有所为有所不为。

宣判时，男人在场，听到刑期，歇斯底里咆哮着要报复："某某某，我要跟你拼命，我们走着瞧！"他喊的是我的名字，因为我的名字签署在起诉书的落款处。单位领导听说家属情绪失控想报复经办人，立刻派几名男同事负责护送我上下班。说实话，接下来的那几天，心里确实有点害怕。

不过，对方终究只是叫嚣几下而已，事情很快就过去了。男人的不满大约是因为心里对妻子有太多愧疚，本应是他背负的刑罚，却让爱人代他受过。有时想他真来也好，我要当面问问他："把人送进监狱的，究竟是公诉人还是你自己？如此欺骗、伤害自己的妻子，你可曾后悔？"

直面死刑

高忠华

死刑，是人类历史上聚讼纷纭、历久弥新的永恒话题。基于各种立场和理由，人们就死刑存废提出了各种观点。但如果亲见死刑的执行，或许对人类伦理的困境有新的认识。

一天，身为驻看守所检察官的我，接到一项看起来稀松平常的任务：和同事一起，代表检察院，监督一名被人民法院判处死刑的在押人员的死刑执行程序。接到任务后，心里不免有些忐忑。但科长交代任务时轻描淡写，举重若轻。我刚进入检察院参加工作不久，对一切都充满好奇。接受任务后，当天下午即和看守所相关人员召开会议，讨论了押解方案及应急预案，确保万无一失。

第二日早晨 6 时许，天刚蒙蒙亮，我便来到看守所，按程序到监室核对其身份。这是一个二十几岁的青年男子，比我还小一岁，身材高大，皮肤还算白净，举止神色颇为和善，眼神看人毫无敌意。这和一般人想象的杀人凶手面目狰狞的形象似有天壤之别。如果不是他拖着的脚镣撞击地面的清脆声音提醒了我，很难把他和连杀两名女子的凶残罪犯联系起来。看守所干警核对他身份后，把他押解出来，在一间办公室把他的手铐脚镣打开，并给他准备了早餐，是一份普通的盒饭。他抬头笑笑，略有些歉意和谢意地说不吃，众人劝他吃点吧，他摇摇头。于是押解人员将他带上警车。车子开动了。

到达目的地后，才发现是本市集中处决日。各地看守所均押解人员往此汇集。年轻的武警队员带枪席地而坐，认识的干警则低语交流，似乎就像是一次普通的开庭。我见待决人员中有一矮壮老者，须发皆白，和押解干警谈笑自若。我没有听清他说什么，不知道他是否有"20年之后又是一条好汉"的豪语。没有人哭天喊地，也没有人大小便失禁。只是那位二十多岁的年轻人的眼神中隐隐有一丝恐惧。这时一名待决人员提出要上厕所，于是数人"陪送"。是的，临刑之前，他们仍然要上厕所，保持做人的洁净和尊严。

很快，法院的同志来了，他们和在押人员一一核对，问其有无要求，让他们签字画押。待决人员依令而行，配合娴熟，似乎只是在履行像拘留、逮捕一样的程序。一切停当之后，一辆大车又把他们接走了，去履行最后一套"程序"。

我的任务至此结束，但是心情久久不能平静。死刑是最严厉的惩罚，它剥夺了人的生命。直面死刑时，对刑法的威严有更直观的认识。"身后有余忘缩手，眼前无路想回头"，那些知法犯法的人，是否应该有所警醒呢？

一起"顶包"案的侦破

许晓君

这本是一宗再简单不过的交通肇事案。

一天凌晨 2 时 50 分许，禺山西路，一辆粤 J 黑色小轿车正以 118 公里的时速飞奔着。突然，"砰"的一声巨响，小轿车追尾撞上一辆同向行驶的电动车，司机慌张下车查看，右前方地上躺着一个人，已经不能动了。

凌晨 3 时 03 分，"110"、"120"接报赶赴现场，医生证实地上的男子已当场死亡。一名 20 来岁的女子在现场等候处理，自称叫小韩，是肇事司机。交警处理完现场，将小韩带回审查。

现场没有目击证人，被害人已死亡，直接的言词证据就只有小韩的口供了。小韩在侦查阶段的多份笔录中，供认是自己开车打瞌睡撞了人。案件呈捕后，小韩被批准逮捕了。

案件移送到我所在的公诉部门，第一次提审后，我发现了小韩供述中的蹊跷：对案发前的去向交代不一，对案发的过程陈述简单，对现场的路况描述不符实际，对碰撞的部位供述前后矛盾。

案件可能被"顶包"！凭着以往的办案经验，疑虑油然而生。面对我的连番追问，小韩虽给不出合理的解释，却仍死口咬定人就是她撞死的。

经过一番深思熟虑与反复论证，我调取了小韩案发时使用的手机号码通话清单及相关资料，这成为突破全案的关键。

随后，一份长达 10 来页的表格放到了案台上，这是小韩手机号码的通话记录。经逐一比对，我们发现这个手机号码在案发后的 2 时 55 分至 3 时 12 分期间，曾五次被一个 135 手机号码呼叫。经核实，该 135 手机号码正是小韩的男朋友小廖的。事故发生后，小韩第一时间竟是接电话，而不是打电话，这与普通人在肇事后第一时间打电话求助的正常反应相悖。

再次审讯小韩时，对着厚厚的一沓书证，小韩默默低下了头。许久，小韩才哽咽地说出了其包庇的实情，"我是冒充的。当时接到男朋友小廖的电话后赶去现场，小廖说他喝了一些酒，叫我帮他顶包，还承诺这事完了之后就跟我结婚。我爱他，为了保护他，所以……"

在铁证面前，小廖也一改以往嚣张的气势，老实交代了其肇事的经过及指使女朋友小韩顶罪的犯罪事实。

纸终究包不住火，法网恢恢，疏而不漏，等待他们的，将是法律的严惩。

扭曲的爱情

黎杰翠

　　一双半闭半垂的骆驼眼、塌鼻梁、厚嘴唇、椭圆脸，问什么都半天不吭声，看起来很憨厚也很沉默的一个被告人，让人无法相信他将自己的未婚妻杀害了，而且还是预谋性的犯罪。进了看守所之后，他也非常后悔自己的行为，不仅向前来取证的人员哭诉自己的行为，到了我作为公诉人前去提审的时候，也是流半天泪，没一句话。

　　到了开庭的时候，被告人在庭上一直低着头，不吭声，对法官和公诉人、辩护人的问话置若罔闻。于是在接下来的庭审中，被告人都是用点头或者摇头来代替他的语言；在点头和摇头的间隙中，偶尔抬头看看窗外的天空，半垂的眼睛中隐隐泛着泪水。

　　这是我在检察官生涯中第一个自己经办和出庭指控的案件，也是至今为止遇到的最沉默的被告人。在之后十年的公诉工作中，我碰上的其他被告人不论犯下多大的罪行，到了庭上，仍然会解释或者忏悔。可他没有，他把所有的情绪都收纳在了沉默当中，可见心中多么地难过和悔恨。早知今日，何必当初呢?!

　　案情很简单：被告人在家乡的时候喜欢了同村的被害人，并到她家求婚。双方家庭同意了，男方交了聘礼。被害人是一个活泼漂亮的女孩子，订婚后外出打工，吸引了很多男孩子的追求，同时由于被告人天性比较沉闷，被害人就提出了分手，并退还了聘礼。然而过了一段时间，被害人觉得还是被告人比较忠厚可靠，又提出和被告人复合，被告人欣然同意，并再次递交聘礼。可惜天性烂漫的被害人始终觉得这个婚事束缚了她，第二次提出解除婚约。虽然被告人多次哀求被害人回心转意，可被害人去意已决。被告人于是在一天中午去被害人住的地方，趁其做午饭不注意的时候，在饭菜中倒了老鼠药，致被害人中毒身亡。

翻看案卷材料，被害人是一个少见的美女，也可见被告人对她的用情至深。可无论爱再浓、恨再深，都不应用死亡来为爱情作注脚；任何人都不能以任何理由逾越法律剥夺他人的生命。把正值青春年华的爱人推向毁灭，也让勤奋忠厚的自己付出一生的代价，如此扭曲的爱情，让人扼腕长叹……

抢手机就为了刺激？

陈小敏

他进来了，我看了他一眼，说："坐下吧。"他年近40岁，很消瘦，脸颊深深地凹了进去，用一种恐惧又略带哀求的眼神看着我。直觉告诉我，他应该是个老实人。我按照法定程序查清基本情况和告知了他一系列权利义务后，开始讯问。

"你一共抢夺了几次，为什么要抢夺？"

他怯怯地看了看我，好一会儿才缓缓地说："一共抢了3次。最近工厂没活干，很空闲，我闷得慌，就想找点刺激的事情来做。在下班的路上，我看到有一个女的骑车经过，就想抢她东西。第一次抢完后，觉得很刺激，然后有了第二、第三次。"

我忙着做记录，没有抬头看他，心想：这哥们的刺激也玩得大了点吧，但人还算老实。问完他具体的抢夺经过后，我说："你抢手机来干什么？"

他突然声音大了起来："我没动过啊！都在家里，偷偷放着，怕老婆知道。我不是为了钱，我每月收入有4000元，就是觉得刺激。其实每次抢完，我心里都很矛盾，享受抢的过程，但又觉得对不起被抢的人，每晚只睡三四个小时，我也瘦了二三十斤。"

这时，我想起案卷中有一份被害人出具的《谅解书》，被害人表示了解到犯罪嫌疑人可能患有心理疾病，且家属已进行了道歉和赔偿，请求不要追究他的刑事责任。想到这，我不由得提高了警惕。一想到平时办案中很多犯罪嫌疑人总爱狡辩称自己精神有问题，以此希望能减轻或免除处罚时，我就不由自主地反感，心想：难道你也来这招？

于是，我问他："你是不是有什么病史？"

他愣了一下，重复了一句"病史？"然后摇摇头说："没有！"我提醒他："身体上或精神上有没有什么不适？"他想了好一会儿才迟疑地说："应该有吧，胆不太舒服。"

这个答案令我有点惭愧，看来，是我想多了。

"案件很快就会移送法院起诉，你还有没有什么要说的？"但他听到这句话时，眼圈一下子就红了，哽咽着，说不出话。我赶紧递给他一张纸巾……情绪缓和后，他说："我真的是觉得刺激而已，手机都在家里，可以叫我老婆还给被害人。家里还有母亲、一个 12 岁的儿子，妻子在我进来的时候怀孕几个月了，不知现在胎儿还有没有……"说到家庭，他又抽搐起来。

签完笔录后，他试探性地问了一句："我会不会被判得很重？"

我说："不会很重，被害人也谅解了你。"为进一步顺势教育和引导他，我说："你抢了别人东西，别人却原谅了你，所以以后不能再干违法的事了，要不，怎么对得起原谅你的被害人和家人？"

听到这，他像个孩子一样，"哇"地一声哭了起来，不断地说："对不起，真的对不起……"

不一样的"80后"

刘会平

　　他坐在我对面，面容清瘦，眼睛暗淡无光，蓝布袄外罩着看守所的黄色背心，看上去足有 40 岁。

　　卷宗上写得很清楚，他生于 1981 年，文盲，来自广西一个民族自治县，因为伙同其他 4 个老乡在公交车站偷乘客的手机被抓。他的认罪态度很好："我是被抓前几天从广西来广州的，想弄点钱过年。"

　　案情很简单，问完了案件事实，看着这个与我差不多大的同龄人，我禁不住想多同他聊聊。问他，生在 1981 年，怎么会没读过书呢？他说："穷啊，家里连米都没得吃，哪里有钱上学？我生下来就没见过我爸，我妈老了，在老家。"他还说，"有一个女人给我生了个女儿，但我们没有结婚的，我不知道她们现在在哪里。"我说："你才三十来岁，做什么不好非要去偷呢？难道到了 50 岁、60 岁还去偷？"他说："没办法，文盲，找不到事做，哪里都不要。"我又说："你都有女儿的人了，你总不想你女儿知道你在做这个吧？"这个一直面无表情的人，听到这里眼睛湿润了，扭过脸去不看我们，他的侧脸因强抑泪水而变得扭曲。

　　讯问完，我们将他送进监仓。进监仓前后，他很配合地蹲下，双手抱头，动作熟练得让我为他心酸。他仿佛如那个一直在遗憾临刑前的圆圈画得不好的阿 Q 一般，怀着极大的热情驯服地做着这一套在看守所内学会的规定动作。他非常主动地听管教的话，往监仓深处走去，临走前还向我们鞠躬说声"谢谢"。

我出了门，大门外就是大千世界，无限繁华。这个人将为自己的行为付出代价，短时间内会失去自由之身。门里门外，两重世界。门外，这城里大部分的"80后"还在为房子、车子、位子奔波，间或生出这样那样的感慨；门内，一些生在偏远农村、没有机会受教育的同龄人，来到这个城市，却迷失了自己，走上了犯罪的道路。他们因贫困而无知，因无知而愚钝，因愚钝而迷途，这样的人生让人唏嘘不已。向善、向往幸福而有尊严的生活应该是人的本性，只是很多时候他们没有机会。人固然不可以选择出生，却可以选择自己走的路，虽然向上的路或许艰难，但人间正道是沧桑。

抢劫网友，少女自毁前程

郭晶晶

　　小云和小梦原是同窗好友，因为家境困难，结伴来到广州打工，租住在番禺一廉价出租屋内。因为年纪小、文凭低，又没有一技之长，小云和小梦四处碰壁。眼见从家里带来的几百元钱也快花光了，就在这迷茫的关头，小云和小梦结识了租住在同一栋出租楼的小强、小斌等人。

　　小强曾因抢劫被判过刑，刑满释放后又不务正业，整天向小云、小梦灌输一些非法取财之道。2011年11月的一天，小云、小梦又与小强他们聚在一块，大家都没工作，又没钱花，沮丧之际有人提出去抢钱。怎么抢？大家热火朝天地讨论着，目光不约而同地投向了小云。"你不是说你有一个很有钱的网友吗？"小云想起了小武。小武是小云的QQ好友，两人已在网上聊了一段时间，但未曾见面。小武曾向小云吹嘘自己有辆小汽车，平时生活如何奢华。小云下定决心，就按小强他们说的那样做。

　　小云第一次在QQ里提议见面，小武受宠若惊，二话不说便答应了。当晚，小武开着他的奇瑞小汽车如约来到小云和小梦的出租屋。小云请小武喝了一杯冰红茶，几分钟后，小武昏昏沉沉没了知觉。醒来时，小武发现自己的嘴巴被封箱胶带封住了，手脚也被绳子捆绑了，身上的几百元现金、手机、车钥匙已被洗劫一空。三名陌生男子正持弹簧刀、双截棍施以恐吓，威逼其说出银行卡密码，所幸卡内无钱。其后，小云、小梦跟随该三名男子驾驶他的小汽车逃之夭夭。

此时，小武才恍然大悟，小云让自己喝下的冰红茶里事先被掺入了迷药。小武挣扎呼救，群众闻讯而至将其解救。

这帮亡命少年一路驾车潜逃，最终难逃法网，十几天后，在江西省一宾馆内被抓获归案。

"觉得打工辛苦，想过来钱快、轻松惬意的生活，大家商量后才做出这样的事情……"法庭上，小云和小梦泪流满面，不停地忏悔。泪水，不能豁免法律的谴责和处罚，等待她们的分别是 4 年和 3 年 8 个月的刑期。

一个父亲的"救赎"

曹小妹

他曾经策划过多起哄抢打砸事件，曾经参与多次强迫交易活动，曾经多次结伙寻衅滋事……

他叫李晓明（化名），一个黑社会性质组织的骨干成员。一谈起黑社会，大家也许会认为他是一个叱咤风云、目光凶狠、冷酷无情的人。然而，他不仅是一个涉嫌黑社会组织的犯罪嫌疑人，更是一位爱子深沉、感情细腻的父亲。

还记得那天早上，狂风暴雨肆虐羊城。在带李晓明去讯问室的路上，他抬头望了望天空，叹了口气，自言自语说："不知那两个小家伙上学带伞了没？"到了讯问室，李晓明略显激动，哽咽地吐出了第一句话："检察官，你们问我什么，我都如实交代，希望能够减轻我老婆的罪行，让她快点回家照顾孩子。"

我微微震惊了一下，一边安抚他的情绪，一边跟他解释自首和立功的法律规定。他会意地点了点头。在后来的讯问过程中，他如实地交代了所有的犯罪事实，还提供了一些新的线索。在对话过程中，我了解到他从小家里很穷，刚来广州时居无定所，为了给双胞胎儿子过上好的生活，他伙同妻子参加了黑社会性质组织，现在他跟妻子都被关在看守所，母亲年事已高、体弱多病，家里没有经济来源，两个未满8岁的儿子起居饮食是个大问题。面对着高墙铁网，他心急如焚，但又无济于事，自知罪孽深重，短期内不能被放出去，只希望妻子能够早日重获自由，尽快回去照顾儿子，让儿子健康成长。

  在从看守所回来的路上，我的心情久久不能平复。毕竟他扛着一个家，在亲人的眼里，他大山一样伟岸可靠。他曾经为家庭撑起一片温暖的天空；他曾经给家庭安宁和从容。然而，他记得这个小家，却忘记了社会这个大家。他可曾想过哄抢打砸、强迫交易、寻衅滋事给别人的家庭带来的灾难？或许另外一个家庭不得不艰难地面对哄抢打砸后的一片狼藉，或许另外一个父亲被打伤正躺在医院呻吟。孟德斯鸠说："如果一个人能够做法律所禁止的事情，那他就不再有自由了，因为其他人也会这样做。"我理解他作为一个父亲的心情。此时此刻，最好的救赎莫过于悔罪。

沉 重 之 思

仇视报复"小姐"杀人
命中注定还是罪有应得

王树茂

这是一起因仇视、报复"小姐"而引发的故意杀人案。

案件侦查终结，进入检察机关的审查起诉阶段，提审犯罪嫌疑人是一个法定环节。审讯室的犯罪嫌疑人张某：中等个子、清瘦、秃顶、神情憔悴、哈欠连连，背靠椅子斜坐着，露出一副不屑一顾的神态："人是我杀的，不用问了，写好了我签字画押。"

我希望他认真配合。他说："我要烟抽，否则没有精力回答问题。"我和另一名检察官都不抽烟，答应提审完借烟给他。他心存疑虑："提审完回监仓就没法抽了。"我语气坚定："说话算数，等你抽完后再画押。"

他开始供述：当年，做"小姐"（三陪女）的同居女友卷走了他全部身家，于是他铤而走险入室抢劫，被判处有期徒刑8年。自此，他认为做"小姐"的女人绝情寡意，害得他坐牢，在狱中发誓一定要报复。出狱后，苦于未能找到前女友，于是迁怒于曾与女友在一起的另一名"小姐"。2011年3月，他把这名"小姐"骗到某宾馆房间，同时以聘请家政人员面试为由，把一名中年女子骗到宾馆。他的计划是：迫使"小姐"打伤或打残中年女子，让她也尝尝坐牢的滋味。不料，两名被害人突然反抗，"小姐"首先逃出房间，他追至走廊用刀将其捅死……

供述完，他却打开了话匣子，我耐心倾听、偶尔插话，从谈话中得知：他的人生基本上与看守所、监狱联系在一起。

1998年因为赌博侵占公款，被判处缓刑。2003年与人合伙投资被骗，为了追讨本钱，砸了对方的房屋，被劳动教养一年半。解教后，失去了工作单位，南下广州打工，认识了做"小姐"的女友又被骗，由此引发了抢劫和本案。

他说一生愧对四个人。一是母亲。坐牢期间，母亲总是鼓励他重新做人，这次明知犯了命案的儿子可能回不来，还坚持送饭……话正说着，他语气渐渐哽咽起来，眼睛也泛起泪光：自己却从未孝敬过母亲一分钱。二是妹妹。出狱后一直寄宿在妹妹家，这次犯罪后自杀未遂，也是妹妹借钱送他到医院抢救治疗。三是弟弟。年轻的时候，他英俊潇洒能歌善舞深得女孩子青睐，一度同时拥有好几个女友，弟媳妇也是前女友之一。出狱后精神空虚，竟然又跟弟媳妇旧情复发。被亲人发现后，他觉得自己禽兽不如，一度有想死的念头。四是无辜的被害人。当时本不想杀人，只是场面失控，慌乱中把她捅死了。

他说，因为劳动教养，他失去了工作单位，人生轨迹也彻底改变了。假如当初他还在湖南老家上班，就不会南下广州认识做"小姐"的女友，就不会去抢劫，不会报复杀人，也就不会走上今天的不归路。

他说，他特别怀念出狱后短暂的自由时光，在鞋厂工作，每月能赚三千多元，还有了年轻女友，本打算在案发的下个月去开货柜车，每月至少可以赚八千元……他面带憧憬的神色向我诉说着，转而又一声叹息："如今，这一切都化为泡影，或许这是命中注定。"

提审完后，我对案卷中呈现出来的犯罪嫌疑人的狰狞面目有了改观。犯罪是一个复杂的社会问题，犯罪人有血有肉，同种犯罪行为背后的原因迥然不同。作为一名公诉人，任何时候都不能以道德卫士自居，除了揭露、证实冷冰冰的犯罪事实，还必须秉持悲天悯人的人道情怀，眼中要有一个大写的"人"字，以人性度人，以平等平和的态度，走进活生生的犯罪人的内心世界，才能更好地履行法律赋予的神圣职责。

海恩法则与反腐策略

陈新风

　　"空难"这个词我想大家都不会陌生，从报纸和电视里我们经常可以看到关于空难的新闻。不过"海恩法则"这个名词可能听过的人就比较少了，海恩法则是飞机涡轮机的发明者德国人帕布斯·海恩提出的一个在航空界关于飞行安全的法则，海恩法则指出："每一起严重事故（空难）的背后，必然有 29 起轻微事故，300 起未遂先兆，以及 1000 起事故隐患。"法则强调了两点：一是事故的发生是量的积累的结果；二是再好的技术、再完美的规章也无法取代人自身的素质和责任心。

　　海恩法则与职务犯罪的预防之间有没有联系呢？我想是有的。空难从表面来看似乎是偶然的，经常会有人用这样一种说法，说碰上这种灾难只能自认倒霉，可是从海恩法则来看，却完全不是这么回事，法则对企业来说是一种警示，它说明任何一起事故都是有原因的，并且是有征兆的；它同时说明安全生产是可以控制的，安全事故是可以避免的。而职务犯罪的预防也是这个道理，职务犯罪案件与一般的普通刑事案件不大一样，普通的刑事案件可以由犯罪嫌疑人一时冲动酿造而成，而职务犯罪却是一个从小到大，从无到有的积累过程。俗话说"千里之堤，溃于蚁穴"，正是职务犯罪过程的生动写照。

　　我常常想到几年前我亲手经办的一个案件。有一个小青年，毕业后在某国企任出纳，负责收取业务款后交会计入账。该年轻人家庭环境不错，也孝顺父母。后因结交损友，迷上赌球，挪用公款 600 多万元被判刑。出事后，单位很震惊。

最近，我们回访，他的同事聊到一些他平日生活和工作的细节。如经常换高档手机，知道很多高档消费场所，先后购置了两辆车等；工作方面，经常收到钱不及时上交，业务员催时，态度很好，马上补上。我听后感到，如果他身边的领导和同事发现这些苗头，结合他的特殊岗位，综合考虑，敲敲警钟，也许能挽救他于悬崖边上。但他们没有，太可惜了。

我们办理的许多案件，特别是涉及财务人员犯罪，起因多数与赌有关。因此，相关领导在家访、聊天或日常生活工作中要多个心眼，看看关键部门的人有无不良爱好的。如果有，尽快将其调离敏感部门并加强教育。

加入歪念元素的爱是一种祸害

曾春波

　　阿良是奶奶疼爱的孙子，但他游手好闲，群上一班狐朋狗友。在好吃懒做没有钱的时候，恶手伸向了疼爱自己的奶奶。他怂恿两名同伙去抢劫自己的奶奶，并提供了家庭住址、房间结构和家人外出规律等情况。两名同伙入室捆绑住老奶奶，抢走了一台当时很贵重的进口全新彩电。

　　这是个发生在 20 多年前的案子，阿良和同伙阿升很快归案，分别被判了 15、14 年有期徒刑，而另一同伙阿强一直潜逃，直到 20 年后才被抓获归案并提起公诉。当公诉人告知我这个案子情况咨询有无写案例宣传稿的价值时，我第一反应是"20 多年前的案子？孙子抢奶奶？建议判 13 年至 15 年的重刑？写出来很有法制宣传教育效果啊！"果然，稿件发给报社联系记者后，第二天就见报了，均是围绕着三个方面进行以案说法的报道：有的重在 20 年为什么还会被追诉？还配发了漫画、检察官说法、律师说法等内容；有的标题直斥孙子无人性，引狼入室，抢劫自己奶奶，亲情全无；有的对起诉书提出 13 年至 15 年的量刑建议展开说法，解释了为什么建议判重刑。法制宣传教育的效果达到了。当然，对阿良的家人来说，真是家门不幸。

　　如果说阿良对家人的"爱"加入了贪念变成了祸害，那么另一案中的阿祁利用男女朋友之间的"爱"加入了欺诈，则变成了"禽兽"。年轻英俊的阿祁冒充政府公务员，发布虚假优秀条件在求偶网站上征婚，欺骗、玩弄了多名女网友。一名被玩弄的女网友还为与阿祁保持"恋人"关系进而结婚，按其要求去聘请所谓的"代性"模特而被网络公司诈骗了 10 万元，人财两失。在网络时代，虚拟世界很多陷阱，很多假的东西被掩盖，涉世不深的青年男女、喜欢网恋的学生很容易受骗，这样的案例也是一种警醒、一种教育。

　　爱是神圣和纯洁的，爱是关心和付出的，爱是团结和帮助的……爱是无处不在的。但爱加入了歪念元素，便成了无处不在的陷阱、无处不在的祸害！

"形式执法"恶果不容小觑

许秀云

　　渎职——对于大多数老百姓来说是一个非常陌生的名词,甚至在我们这些国家工作人员当中也仍有相当一部分人不太理解它的含义。身处反渎职侵权犯罪一线将近五个年头,看见一个又一个走上犯罪道路的昔日才俊,我深深感到:正是由于对这个名词的无知和轻视,才会让他们在不知不觉中陷入犯罪的深渊。

　　2011年12月5日,位于增城市新塘镇的某公司在建工地发生墙体坍塌事故,造成正在施工的两名建筑工人被坍塌泥土掩埋死亡的悲剧。在办理案件的过程中,我们发现"形式执法"是发生这起悲剧最关键的因素。从2010年9月至2011年12月,在明知该公司的建筑是违章建筑的情况下,相关的监管工作人员非但没有制止,还放任、纵容他们的不法行为,在对该违章建筑进行的近10次执法活动中,他们的执法行为仅仅流于形式,甚至为应付上级检查,在要求新塘镇某自来水厂工作人员协同对该违建工地采取停水措施的过程中,将工地水表拆下照相完毕后,即同意违建施工方将水表重新装回去。一年多的时间,他们都没有对实际违建行为进行制止,直至悲剧的发生。

　　在审讯过程中,年仅26岁的刘某后悔地说:"我以为只是接受几次宴请和一些小礼物不算什么,我以为很多人都是这样做,所以不会有事的。如果知道会发生这种事,我肯定会按照规定严格执法,坚决不让他们施工的。"只可惜这个世界没有后悔药。按照规定严格执法，这是对执法人员最基本的一个工作要求，可是又有多少人能够真正做到呢？事实上，我国的法律法规已经不少，但是存在执行不到位的现象，政府部门工作人员超越职权、违法行政、以权谋私的问题，严重危害了国家权力的公信力，同时对国家和群众的生命财产利益造成了严重损害。

再好的构思，如果不付诸行动，永远只是一种幻想；再好的法律，如果得不到贯彻落实，那也只是一纸空文。渎职侵权犯罪往往动辄造成数百万、数千万甚至数亿元的经济损失，或者数十人、上百人伤亡的严重后果，远比贪污贿赂更容易危害我们的人身安全和财产安全。因此，必须改变执法人员的错误认识，加深他们对渎职犯罪的理解，提高执法人员依法履行职责的责任心和使命感，将法律法规落到实处，不要再因为所谓的"无心之失"给自己和他人带来无尽的灾难！

勿以恶小而为之

刘 琴

这天，一个未成年犯罪嫌疑人要来院里作讯问笔录。我走到门口，看到一对母子，儿子低头站在母亲的身后，我问道："是阿生（化名）吗？"男孩点了点头，随后我便带着这对母子走向了讯问室。

路上，阿生的妈妈问我："我们已经赔了钱，地铁公司也说不追究我们了，不过是小孩子顽皮打碎了玻璃，怎么会闹到要去法院呢？"阿生穿着校服和球鞋，脸上满是稚气和腼腆，要不是核实过材料，我很难将眼前这个稚气未脱的小男孩和犯罪嫌疑人联系起来。

本案中，阿生与同案人阿杰都是就读于广州市某职业学校的学生，一个16岁，一个17岁，因为贪玩，两人两次在放学后来到广州地铁西场站，由阿生负责传递钢珠，阿杰用随身携带的弹弓向地铁站玻璃弹射钢珠，用弹弓和钢珠将地铁西场站 C、D、E 出口的玻璃打碎，两次共造成损失56759.81 元。两人因涉嫌故意毁坏财物罪被公安机关移送审查起诉。

在大多数家长看来，小孩子用弹弓打碎玻璃，不过是其一时顽皮的平常小事，赔钱就可以了事。其实，在工作中我发现，很多未成年犯罪嫌疑人正是因为一些看似寻常的"小事"而放任自身行为，一些家长也忽略了对此类"微小"行为可能引发恶劣影响的关注。这些行为，任其发展，就可能触及法律。究其原因，一方面因为未成年人法制观念淡薄，容易忽视日常生活中的不良习惯；另一方面因为父母工作忙等，放松了对未成年人的教导。也有父母过于溺爱子女，在发现不良苗头时未及时予以制止，反而包庇其不良行为，缺乏对未成年人行为的正确引导及心理矫正。而未成年人一旦遭受法律处罚，极可能会给其今后的人生发展蒙上阴影。

法律不给自由者设限，自由的前提是自制。法谚有云："勿害他人，各行其是"，强调的是对自身行为的克制，个人的行为不能妨害他人的自由。如果个人对不良行为不加以克制，结果必是受到法律的惩罚。中国古人总以刘备这句"勿以恶小而为之"来警醒个人行为不无道理。看着眼前那个还满脸稚气的阿生，或许他还尚未意识到其行为的社会危害性，但于我而言，公诉就是代表着国家，让社会的每个公民"勿以恶小而为之"。

最伤感的欢乐颂

陈　颖

随着沉重的啪的一声，车门关上了，车子缓缓驶向了看守所。我看了一下手表，就快到零点了，这是 2011 年 12 月 31 日的晚上，还有不到半小时，就将迎来新的一年。犯罪嫌疑人正要送往看守所拘留，他或许也意识到了等待自己的是什么，从进车的那一刻起，就一言不发，身体虽然有意控制，但还是可以察觉到轻微的颤抖。

大家一路无语，车上的氛围有些压抑，元旦来临前的晚上，这条白天车水马龙的路上没有多少车，非常安静，同事顺手拧开了车上的收音机，广播传来了倒数新年的钟声，我身边的犯罪嫌疑人突然抖动了一下，我抬头看了看，收音机屏幕显示的是个非常熟悉的频率，这正是犯罪嫌疑人曾经工作过的电台，他虽然没抬起头，但是那熟悉的声音或许唤起了他的记忆，也许他也曾在麦克风前用饱满感情的嗓音向听众传递着新年带着希望带着憧憬的力量，而今，他却仅仅是个听众，是个无法融入到这种幸福氛围中的听众。

电台主持人讲完几句简短的串词以后，收音机响起一首熟悉的旋律——贝多芬的《欢乐颂》，犯罪嫌疑人虽强作平静，但还是有一滴晶莹的泪珠悄无声息地在他平静得有点僵硬的脸颊上滚下，泪珠闪烁的光芒竟不亚于他手铐上凄冷的光泽。我不知道此刻他心里在想着什么，或许他听过这首歌无数次，但这一次，肯定是迥然不同的感觉。

许多单位都会组织干部职工观看反腐倡廉的宣传教育

片，这些宣传片很多都是大要案，涉案的人员最终都受到了法律的严惩，但很多时候，通过影片或者图片或者文字带来的震撼却是短暂的，甚至是隔靴搔痒的，至今仍有很多人认为职务犯罪的后果，无非是失去自由，甚至出现有人带着一种荒谬观点：把犯罪所得钱财与刑期进行比较，以衡量是否值得去犯罪。只有真真正正失去自由的时候才会深切体会到自由的可贵。

《欢乐颂》欢快祥和的旋律描绘的是工作向上的憧憬，一家人健康快乐地相守在一起的美好画面，而对于当时坐在车里的他，这一切是曾经拥有，如今却像梦境一般虚幻，悲伤？悔恨？绝望？曾经拥有的种种美好和骄傲也许都成为时时使他内心煎熬的回忆。对于预防职务犯罪来说，怎样让人们敬畏法律而不去做某些行为而不是畏惧法律而不敢去做某些行为，是我们真正要解决的问题，让人们追求清廉公正带来的幸福快乐，而不是畏惧贪污腐败所带来的牢狱之灾，这个案例或许可以让我们有所启示。

母亲的泪是他心底的痛

蒋森华

　　他是 S 局的局长，因为受贿 80 多万元被"请"进了检察院。和其他贪官不同，面对审讯人员手里一沓证据资料，他几乎没有做任何辩解就迅速交代了自己的犯罪事实，只是提了一个请求："能不能暂时不让我母亲知道，我怕她会流泪！"

　　他是典型的"凤凰男"，出生在湘南一个贫困县的边远山村，在他 9 岁的时候，父亲在开矿时被意外炸死了。"母亲那时候才 30 多岁，好多人都劝她改嫁，但是为了我和妹妹，她都拒绝了，为了我们，她什么苦都吃过！"说到这里，他哽咽了，眼角流出了两行泪水。

　　读书是农村人改变命运的唯一途径，他从小就发奋读书，立誓要让母亲和妹妹过上好日子。大学毕业以后，他顺利进入 S 局，当上了国家干部，因为才华过人，待人友善，他一路平步青云，不到 40 岁就担任局长。

　　案发之前，他是年轻有为的局长，是孝顺的儿子，是贴心的哥哥，更是母亲备感欣慰的骄傲。母亲时常提醒他，要清白做人，不要忘记自己是庄稼人出身，不该吃的不吃，不该去的地方不去，不该拿的钱不能拿。他点头答应了母亲。

　　曾有人趁他不注意将一个装有 2 万元的信封塞到他家的抽屉里，他发现后立即退了回去，并把送钱的人狠狠骂了一顿。他说，那个时候，母亲的话时常在耳边回响。当了三年的局长，他从没有收过别人一分钱，一家三口住在几十平方米的小房子里。

"自从那次同学聚会，我的观念慢慢发生变化了。"两年前，几个高中同学听说他在省城做官，约他聚一聚。时隔20多年再见面，他简直不敢相信自己的眼睛，当年的淘气包如今已是家产百万的老板，而自己大权在握，却显得有点寒酸。回家之后，他陷入了沉思……当他再次面对客人留下的信封，同学聚会的触动让他几经犹豫却最终没有坚持住底线。

纸终究包不住火，在收受一家工程公司30万元之后，他通过"暗箱操作"让不具备相应资格的建筑公司顺利中标，没想到，那项"豆腐渣"工程两年之后就倒塌了，他也随之被"请"进了检察院。

说完自己的故事，他的眼里满是忏悔。他说，最对不起的人就是母亲，如果母亲知道了自己的事，一定会备受煎熬。这个世界上没有后悔药吃，如果当初能牢记母亲的教诲，如果当初没有侥幸心理，如果……可是一切都晚了！

教育的成果，仅仅在于试卷上的高分吗？

陆　芳

　　手上的卷宗并不厚，因为是一件普通的盗窃案。然而犯罪嫌疑人的身份却引起了我的注意：在校研究生，刚刚获得硕博连读的机会。他为什么会盗窃呢？

　　第一眼见到他时，他双手抓着衣服下摆，不知所措，眼里充满泪花。虽然是个大学生，看起来却像做错事的小学生。我问他："你为什么要把别人的手提电脑拿回自己家中？"他竟然说直到被抓后公安人员告诉他这是一种犯罪行为，他才知道自己闯大祸了。

　　案发时，他正在某单位实习，因为学习成绩很好，被选为实习组的负责人。有一天，他完成实习任务正准备离开时，忽然留意到桌上一部手提电脑。他说，当时就像浆糊糊了心，脑子不知怎么想的，就把电脑带回了家。

　　监控录像显示，其盗窃电脑时，反反复复进出房间多次，好像在做思想斗争。

　　他说："我把电脑拿回家后就一直放在卧室里，我连什么牌子都不知道。我将手提电脑拿回家后就非常后悔，想把电脑还回去。可一想到平时在老师和同学中的好印象，却又没有勇气。"

　　他来我院接受讯问时，他的母亲也陪同到检察院，我讯问完了犯罪嫌疑人后，正准备转身回办公室时，他的母亲"扑通"一声，跪在我面前，拉着我的手对我说："检察官，你能不能坐下来听我说说我孩子的情况，我儿子一直很听话，但平时很少和我沟通，在校的学习成绩也很好……我一人很艰难地把他培养到今天，他是我活着的勇气啊……"

他的母亲是位高级知识分子，为了孩子，竟然在我面前下跪。我一下子有点不知所措。

按照刑事诉讼法有关规定和我国宽严相济的刑事政策，考虑到犯罪嫌疑人盗窃数额不大，又是初犯，事后积极归还赃物，并得到了被害人谅解等因素，我院依法对其作出罪轻不起诉的决定。

这起案件办结后我一直在思索，类似犯罪我接触过好几起，犯罪嫌疑人无一例外在某一方面表现优异，结果家长因此产生溺爱之心，似乎成绩好就是一切安好。孩子变得虚荣心重，不愿正视自己的错误，有的甚至缺乏起码的道德法制观念和社会生活常识。当他们的精神世界和父母之间已经出现了高墙，而父母的教育思维仍停留在提供物质生活保障的层面。教育的成果，难道仅仅体现在试卷上那些高分吗？

沉沦的钢琴奇才

许明源　　陈宇清　　陈晓瑜

　　现年 28 岁的吕某，年少成名，才华出众，曾在德国魏玛李斯特音乐学院深造，师从多位钢琴名家，在国内外开过多场音乐会也获得了许多国际荣誉。然而，这位技艺超群、前途无量的乐坛奇才，却由于涉嫌盗窃他人财物，被公安机关提请批准逮捕。

　　一日凌晨，吕某与有过一面之交的谢某等人喝酒，其间趁谢某的女友邓某不备，将邓某的 LV 手提袋偷走（内有现金人民币 10500 元、iPhone4 手机一台及身份证等物品），之后到某豪华水疗馆，从手提袋内拿出 5000 元购买水疗馆储值卡。当天 19 时左右，吕某在水疗馆被人赃俱获。

　　2009 年，吕某曾因盗窃他人财物 1700 元，被公安机关移送越秀区检察院审查起诉。当时考虑到吕某系初犯，犯罪情节轻微，认罪态度好，且在音乐上有一定建树，检察机关决定不起诉。

　　但事隔三年，吕某又重蹈覆辙。他目前在一家琴行担任钢琴教师，收入水平并不低，甚至高于一般工薪阶层，绝无可能因生活所迫而盗窃。那么，究竟是什么原因，导致这名乐坛奇才走上了犯罪之路？

　　吕某和其母亲将原因归结于精神障碍。但是，根据相关鉴定，吕某患复发性躁狂症，案发时处于缓解期，其作案时具有完全刑事责任能力。近日，经办人在提审吕某时，其对答如流，未发现异常。综合各方面情况，经办人认为，吕某应负完全刑事责任，依法应予逮捕。

　　然而，面对这个面容俊朗、举止文雅的年轻人，联想到他曾经的辉煌和荣耀，经办人还是心生惋惜之情。看着他那双曾经弹奏出无数美妙旋律的修长柔软的手，在讯问笔录上签名按指印，更是让人不禁扼腕叹息。

　　孔子曾云："人而不仁，如礼何？"做人是立身处世之本，因此，欲使孩子成才，先要教孩子做人。对于那些渴盼孩子成才，特别是在孩子处于人格形成期即送其出国留学的父母师长来说，吕某的案例是一个活生生的教训。家庭和学校在重视孩子知识技能教育的同时，千万不能忽略人格培养和道德教育。

"遗产"纠纷案引发的深思

全秋香

坐在我面前的来访人是对亲姐妹,刚在接待室坐下,顾不上喝一口水,她们就急迫地向我控诉自己的亲兄长王峰(化名)的"无耻"行为。随着她们的倾诉,一起离奇的"遗产"纠纷案呈现在我的面前。

她们父母膝下共四个儿女——两个儿子、两个女儿。2004年,她们的父母因老西关一处房产拆迁补偿问题与拆迁公司发生纠纷并诉至法院,经法院一、二审后,她们的母亲去世,父亲王能(化名)向广州市中级人民法院提出了再审请求,广州中院受理并再审了此案。再审本应判决由父亲取得该处房产的全部权利,让所有人都意想不到的是,家里老二王峰中途向法院提供父亲死亡证明及遗嘱,该房产经法院判决后变成"遗产"由王峰取得。

自己明明还健在呀,怎么就"被死亡"了呢?王能百思不得其解,于是年迈的父亲开始了申诉之路,一年多以后,省法院对该案进行了改判,他终于取回财产权利,但王峰已经把房子给卖了,房款的归还变得遥遥无期。

倾听到这里,我的心情不由得变得非常沉重。这是一个儿子为取得父亲财产竟不惜捏造父亲死亡事实的故事,这是一个不是遗产的"遗产"纠纷,故事或许老套,但亲历者依然感到痛心。

"对于已被王峰取得的财产,你们想怎么处理呢?"

"我们也不指望他主动还给父亲,我们担心的是父亲过世后，他又回来同我们争其他的两处房产，因此我们希望他出来同我们谈，但他对我们避而不见。"姐妹俩答道。

我也随之沉默了，眼前浮现出一个80岁老人苍老佝偻的背影，风烛残年的他不但不能尽享天伦，还得承受老无所依，儿女争夺遗产给他带来的最深最痛的伤害！

赡养老人是我们每个人应尽的孝心，也是每个公民应尽的法定义务。然而，本案中的亲情为何扭曲之极呢？我不禁陷入了深深的思索。对于一名检察官来说，这个案件的法律问题并不复杂，复杂的是背后的亲情伦理关系。我们可以用法律来处理财产归属，但扭曲的亲情该怎么拯救？

你的青春谁做主?

陈曙芬

　　他, 24 岁, 中专毕业后到广州打工, 任保安员。经 QQ 认识一个女子, 大家同样在外打工, 年龄相仿, 境遇相似, 遂心生默契。那女子已有家室, 但他不介意。因孤寂而相互取暖, 两人同居了。三个月后, 那女子告诉他: 我爱上别人了, 他让我感觉更好。情已逝, 爱犹存, 爱极生恨, 挽留无果后, 他拿起房间的菜刀, 砍了她十多刀。昔日的爱巢血流成河。作案后自知难逃法网, 立即投案自首。

　　我们走访他的同事。同事评价他: 工作认真负责, 待人热情, 无不良嗜好, 不相信他会杀人。

　　因爱生恨, 如此情杀案件, 一年内我已办理了六七起。犯罪嫌疑人多为 "85 后", 即便身陷囹圄, 脸庞仍难掩青春之气。步入审讯室, 在检察官面前显得惶恐又有礼。惶恐, 是因为对法律还心存敬畏。而回忆起案发的细节, 无一不后悔莫及。问完案件事实, 我总爱问一个 "题外" 话: "如果你的人生可以重建, 你还会选择这样的感情吗?" 出乎意外, 多数的他们都说: "没有后悔在一起的日子。"

　　电影《致我们终将逝去的青春》引起了许多人的共鸣。正在拥有或已经失去青春的, 都在探讨着青春是什么? 给我们的人生带来什么? 青春是爱情、朝气、希冀、梦想, 如此美丽, 令人向往; 青春如梦幻, 如泡影、如露、如电, 难以把握, 易于消逝。

　　作为一名长期从事刑事司法实务的女检察官, 我更关注的是他们的青春：他们同样满怀激情和梦想，由于家庭环境、经济条件等原因，他们的受教育程度有限，也没有掌握有利的社会资源。他们来到这座城市寻梦，努力地挥洒自己的青春。然而青春带来的不仅是爱情和梦想，更有疯狂。最可叹的是，他们被自己的青春毁灭了。

世人只看见蝴蝶翩飞的美丽，却看不见破茧成蛹前的痛苦挣扎。青春就是这样一个充满希冀，但又伴随奋斗甚至挣扎的过程。青春需要蜕变、重生，人生需要磨砺、超越。经历了，成长了，你就会得到一双翅膀。当你觉得自己在困境中无法自拔的时候，请记住：唯有自己能救自己！当你能够掌控自己内心的时候，青春才是属于自己的。

你的青春谁做主？

其实，每个人都可以选择

李晓琤

　　把她送回监仓的时候，她终于还是落下泪来，我平静地安慰她。提审的时候，见到犯罪嫌疑人哭，不是新鲜事，这当中，有悔不当初的恨，有博同情的假装，也有对家人的愧疚。我也是一个"眼浅"的人，所以，每次看到有人掉泪，要努力过滤、强作镇定。

　　她，戴着眼镜，长相清秀，回答问题时条理清晰，脸上带着一股韧劲。

　　"毕业后，我努力工作，因为还要寄钱供弟弟上学。"我想起大量报关资料中有条不紊的价格调低，以及签认证据时她那娟秀的字迹。她的细致努力，毋庸置疑。

　　"为了能多赚点钱，我们还经常加班，和老公分隔两地，也很少有机会见面。"我终于忍不住打断她，"你是读财会专业的，也掌握一定海关知识，你应该知道向海关申报时要如实提交资料。"她沉默了，不再看着我。

　　我知道她只是一个打工的，每个月也是领固定工资，公司或者老板走私赚到再多的钱，她也不见得能多拿。但是……我掐断自己的思绪，继续说："既然你知道要如实申报，为什么还帮助制作虚假单证？"我不是想咄咄逼人，也不寄望得到什么回答，我只想让她明白，法律面前没有情非得已，没有侥幸。"你虽然不是自己积极主动去犯罪，但是在明知的情况下，仍然接受指使提供帮助，使整个走私行为得以完成，同样要受到法律惩处。"

送她回监仓的路上，我和她还一直聊着。公诉人每天会遇到形形色色的人，有穷凶极恶的，有事出有因的，有罪大恶极让你看了咬牙切齿的，也有背后故事让你心生怜悯的。办案的几年，不免会遇到这些打工仔的案件，因为出身的贫微、社会的压力而为了几百几千的工资帮老板犯罪。在某一刹那我会同情他们的际遇，但终究这些都不能成为法律豁免的理由。在同样的境地，仍然有大多数的人，勤劳肯干，守法致富。

面对社会的转型，过程的种种不健全不完善，公诉人力量微薄，我们只能通过个案的公正去累积和传达正面的讯息。我们希望更多的案件，我们都可以抓到主犯、老板，可以及时给予相关部门检察建议，查漏补缺，可以让每个被告人罚当其罪，也希望我们的办案，不是仅仅追求一个定罪量刑的结果，而是在这个过程中释法说理，调处矛盾，抚平受损的社会关系。

老汉我给年轻的残疾黑人让个座

任长征

上了 60 岁，自己的头发已是白多黑少了。又过了几年，就完全是一个白发苍苍的老汉了。于是，在公交车上，就经常有年轻人给我让座。我对这些年轻人总是心存感激，并连连称谢。

一天，我因事在麓景西路坐上了 546 路公交车。到了下一站，上来了两个 30 岁左右的年轻黑人。其中一个有严重残疾，架着双拐，另一个搀扶着他。上车以后，残疾黑人四下看了看，没有发现可坐的座位，也没人给他让座。当时，车厢最后有两个空位，但走过去要上两个台阶，况且车已经开了，架着双拐走过去很可能会摔倒。

看到这里，我心想：按照往常的情况，会有人给他让个座的，怎么今天没有呢？如果他继续站在那里，当汽车转弯或变速时，他很可能因站立不稳而倒在地上或压在别人身上。我虽已 69 岁，但小心一点，走到后面的座位去还是可以的。既然别人没有让座的意思，老汉我只好当仁不让了。于是，我果断地离开座位，示意黑人来坐，他含笑向我点头表示谢意，坐下了。

我坐下后，有人回头看了看我这白发苍苍的老头子（因我坐在最后）。他们在想什么呢？觉得怪异吗？

我的内心也很不平静，陷入了沉思。

我丝毫也没有苛求年轻人的意思。我常坐公交车，常有年轻人给我让座，其中包括黑人（我住的地方黑人很多）。

可是那天的情况比较特殊，一个需要关怀的残疾人摇摇晃晃地站在车上，肢体正常的人应该给他让个座位。当时全车几十个人，都比我年轻，反倒是我这个年近七旬的老人给他让个座。我虽然让了座，但并不觉得脸上有光彩，因为车上坐的都是我的同胞。

古人云：仓廪实而知礼节，衣食足而知荣辱。但是，文明古国也好，礼仪之邦也好，并不是一成不变的。有时，一些错误的甚至邪恶的观念乔装打扮一番，以新潮流的面目出现，冲击或破坏美好的东西。历史上曾经出现过，那是应该警惕的，它对国民尤其是青少年十分有害。它提醒我们不要过于乐观，我们的国民教育还有缺陷，还要补课。我们走出国门，也希望得到别人的尊重和爱。那么请别忘记，爱人者人爱之，敬人者人敬之。

围观的代价

袁志光

　　最近，因为网友对一些热门事件的广泛关注，"围观"一词成了网上的热辣用语。不过，围观也是有代价的。广州白云区检察院这些年来恰好遇上两件神奇的案子。犯罪嫌疑人在旁津津有味地围观他人的指控和辩护行为，却不料被受围观的公诉人以"反围观"的方式"手到擒来"。

　　日前，白云区检察院公诉人在出庭支持公诉一起寻衅滋事案件的庭审过程中，发现旁听席的陈某与在逃同案人同名，公诉人询问了其身份情况后，立即致电公安机关，竟确认其为网上追逃人员的身份，原来他就是起诉书中认定的主犯陈某。在陈有所觉察企图逃离的情况下，公诉人及时与庭审法官沟通情况，安排法警对其实施控制，稳定好他的情绪，立刻联系公安民警到场，将陈某抓获归案。无独有偶，之前白云区钟落潭镇发生一起故意伤害案。案发后犯罪嫌疑人黄某飞被公安机关抓获，移送区检察院审查起诉，但黄某仁等多名同案疑犯在逃。庭审过程中公诉人在到庭证人名单中发现了名叫"黄某仁"的证人，案中身份是"围观群众"。怎么会这么巧？经询问其案发时所处位置、言语、动作等情况后作出判断，此人根本就不是围观群众，原来就是起诉书认定的在逃同案犯！公诉人悄悄安排法警先行对其实施控制，庭审结束后立即开展调查和教育，黄某仁最终交代参与犯罪的事实，表示愿意配合司法机关抓获其他在逃人员。

可见，围观有时也是要付出代价的，而且代价还不小。只要触犯法律，法律的庞大网络就随时向他张开。杀人隐匿也好，携款潜逃也罢，抑或是悠然围观，或者是众怒当前，照样认理不认亲。

一闪念，他就成了蟊贼

刘 韬

　　从市区到看守所的路程很远。在这段路上，我一般会仔细盘算一下自己的讯问提纲。今天要讯问的犯罪嫌疑人涉及的犯罪很简单，是普通的盗窃罪，盗窃金额也不大，对盗窃事实的供述，从公安机关提供的卷宗来看，一直是有罪供述而且供述非常稳定。我想，这样一件案件，应该很快能够处理好。

　　当他出现在我面前的时候我还是吃了一惊。这个人长得非常高大，而且很壮实。在从监仓走向讯问室的路上，我让他走在我的前面。虽然我和同事们在讯问犯罪嫌疑人过程中从没有遇到过人身攻击，这类数额不大的盗窃罪，犯罪嫌疑人也不会有任何攻击讯问者的动机，但是谨慎起见，让他走在前面能够观察到他的动作和行为，相对安全一些。

　　他是因为盗窃他人的摩托车进的看守所，因为当场被人抓获，人证物证俱在，他本人对案件事实也没有做过多的辩解。我说："以你这样的身板，为什么非要去盗窃摩托车呢？"他说他曾经当过兵，在部队一直表现得很好，出来后给别人当保安，因为一次打架被开除。后来就心灰意冷，工作也不愿意找了，天天就待在出租屋里，靠女朋友出去赚钱过生活。可前一阵，女朋友几天都没有回来，他那天出来觉得饿得不行，看到路边停了辆摩托车，就动了坏念头。

　　末了，他认真地告诉我："检察官，你知道吗，抓住我的那两人，其实我只要轻轻一挣就能挣脱他们，我如果和他们打起来，再来两个也不是我的对手，可是我当时太害怕了，他们把我拖在地上踹我，我一点都没有反抗。当时，我心里又害怕又觉得丢人。"我让他好好悔过自新，犯罪是人生的一道疤痕，但是疤痕也有结痂脱落的时候，只要良知没有泯灭，明天只会更好。

　　回市区的路上，我一直在想，是什么原因让一个年轻人仅仅因为受过一次小小的挫折就一蹶不振，甚至最后走上犯罪的道路？类似的案件我见过许多，因为一言不合而横刀相向，为了报复而故意盗窃，为了泄愤而故意毁损公私财物……仅仅一个念头，忽然间普通人就成了罪犯。是什么让这些人心态失衡？形形色色犯罪背后的动机和社会根源需要深思。我想，关注社会，关心社会群体，这应当是每个法律工作者应有的责任。

不为子孙谋钱财

邱焕逵

　　我经常想起一个春寒料峭的深夜。我们带犯罪嫌疑人回家取回能够证明赃款去向的存折，他妻子惴惴不安地看着我们。我们准备离开的时候，他妻子在后面拉了他的衣角，对他说："看一下女儿吧。"我和他进入他女儿的房间，小房间显得格外温暖，他的女儿，三岁左右的样子，红扑扑的脸蛋，睡得好香甜，根本无法察觉她的生活正在发生剧变。他静静站在床前注视着女儿，伸出手拉了拉被角，在我们面前他沉默寡言，木无表情。但这时我看到他大颗的泪珠滴在被子上。

　　这个场面经常在我的脑海浮现，在我看来，这是比死别更为震撼的生离，那种带着愧疚的无奈无以言表。他后来被判了10年，他女儿的那一觉醒来之后，不知要经过多长时间才能够见到爸爸。

　　我有时候在思考，我们办案除了讲事实、讲证据、讲法律之外，还能不能更人性化一些。立案就意味着诉讼程序启动，可能追究刑事责任。一个人被追究刑事责任，最痛苦的其实不是他自己，而是他的家人。当他决定跳上那条船时，正是他的所作所为，导致这条小船脱离风平浪静的温馨港湾，进入无边苦海。廉贪一念间，荣辱两世界。因此，在做职务犯罪预防工作时，我们有这样的宣传语：如果你爱你的小孩，那么，在金钱和诱惑面前，多想想孩子。

　　不为子孙谋钱财，这是一种人生智慧。究竟要给子女留点什么，这是每个人面临的选择。一个贪婪的人，积累财富往往仅是为了惠及几代，而常常忽略了回报社会。秦始皇建三百里阿房宫，希望能传及万世，但到了骄奢浮逸的秦二世就被农民起义一把火烧了；清末左宗棠建豪宅，一个老工人对他说，他建的楼房五六十年都完好无损，但主人已经几易其姓。这些古训都包含深刻的哲理。为人父母要承担很多责任，但对子女过多的给予只能让他们更习惯于不劳而获。我们没必要留下太多财富给子女，更加不能为他们去非法捕捞，而是要锻炼他们"渔"的能力，懂得用诚实的劳动和付出，换取美好的生活。

贪官敛财，从来都祸及子孙；廉官清白，多数能荫泽后代。下面这首七绝值得我们细细品味，这是明代一位铁胆谏臣在反贪腐斗奸佞受尽迫害后的狱中传世诗作，是对世人的铮铮警言，也可以诠释一位为人父者对子孙后代的谆谆教诲：饮酒读书四十年，乌纱头顶是青天。男儿欲上凌烟阁，第一功名不爱钱。

低风险高回报的美丽谎言

李文彦

　　"一次性交纳 1 ～ 15 年的商铺租金，再以年利率 8% ～ 30% 返租给出租方，合同期满后还可一次性获取本金返还"，相信在当今这个"除了工资不涨什么都涨"的时代，大多数人看到类似的宣传都会怦然心动。但是否真的心动不如行动呢？900 多名深受其害的投资者可能会给出否定的答案。

　　这是一起非法吸收公众存款案。2007 年起，杨某国、杨某明等 19 名被告人，以广州某投资集团有限公司的名义，通过打电话、派传单、媒体广告等方式向社会广泛招商，以上述手段吸收公众存款共计 3.4 亿多元，除向 900 多名投资者返还 4000 多万元利息外，其余款项均被用于支付员工提成、该集团日常开支及购买汽车、房产等挥霍，造成投资者损失共计 2.6 亿多元。

　　作为一名检察官，看着起诉书上人数众多的受害者，我的心很难受，有惋惜，更多的是不解。综观我院办理的非法吸收公众存款、非法经营及各类诈骗等犯罪案件，不法分子的伎俩不外乎利用受害者的同情心或贪小便宜的心理进行欺诈。这些并不高明的作案手法，在报纸、网络等媒体上也有过广泛的宣传报道，却依然屡试不爽。

　　希望通过这个案例能再次引起广大市民的警惕，也希望广大市民谨记，在任何投资活动中，风险与收益都是成正比的，在选择投资渠道之前应进行充分咨询，并对相关机构的资质及经营范围作必要的了解。尤其在面对"低风险高回报"的招徕时更要保持头脑清醒，在实现财富增值的过程中保障自身权益。

申办信用卡要量力而行

代泽雄

　　随着我国经济的快速发展，越来越多的人选择使用信用卡进行交易、消费，信用卡的普及也给人们的生活带来了极大的便利。但同时，信用卡的使用也容易产生一些不便，甚至还会引发刑事案件，诸如信用卡诈骗罪等，既"失财"又"伤身"（失去人身自由）。

　　我曾办理过一宗信用卡诈骗案，案情比较简单。犯罪嫌疑人黄某某于 2009 年 7 月 6 日在中国银行某支行开办了一张长城信用卡（授信额度为人民币 15000 元），自 2009 年 7 月 19 日开始多次透支，截至 2009 年 9 月 30 日，透支本金 14916.3 元，利息 454.62 元，本息合计 1.5 万余元，经银行多次催款未还。后银行向公安机关报警，报警当日，黄某某即被公安机关抓获。

　　接到案件后，我审查了卷宗材料，提审了犯罪嫌疑人。黄某某很年轻，刚满 20 岁，提审的时候，她一直掉泪，说很后悔，反复强调自己不是不想还钱，只是暂时没有工作，没有收入来源，一时还不上，一旦有钱就会还给银行，还说"早知道会这样就不办信用卡了"。

　　"早知道会这样就不办信用卡了"，离开看守所的时候，我脑海里一直在想的就是这句话。虽然其父母很快就筹钱还清了银行的欠款，但其行为已给家庭及其本人造成了严重的后果，更何况，正值花样年华即遭受此牢狱之灾，也为其以后的人生附上了一个沉重的负担。这不得不引起我们的反思：一方面是告诫所有市民，申办信用卡时一定要量力而行，要清楚明白自己的收入水平和还款能力，也不要申请多张信用卡。有些人一旦无法及时还款，就多卡交替取现，用此卡透支的现金还彼卡之债，这样更容易走上违法犯罪之路。另一方面则是建议银行部门严把信用卡申请审核关。对申请人的资料审核要更加细致，特别是对申请人的工作状况、收入水平等这些与其还款能力密切相关的资料要严格审查，这样做，一定程度上也能减少银行的损失。

依附与盲从，使她误入歧途

张 惠

　　她是我接触的为数不多的几名女性犯罪嫌疑人之一，卷宗里彩色照片上的她，面容清秀，看身形已有七八个月身孕了，将为人母，眼神里却弥漫着一丝恐惧和不安。案发后，被取保候审的她径自跑回老家生子，直到三年后，在清网行动中自首，再次回到了广州，接受法律的制裁。见到她时，她带着已满三岁的女儿，还有两大包小孩的生活用品。12月的广州，已寒气袭人，我问道："这么冷的天，大老远的，你怎么还带着孩子来？"她说孩子一直都是跟着她的，后来才从她口中得知，孩子的生父因同案在三年前已被判刑入狱，而她的亲人始终不认这个孩子。

　　在她接受讯问，再一次痛苦回顾自己走上犯罪道路的心路历程时，那天真活泼的小女孩正在旁边无忧无虑地玩耍，更让人觉得心酸。当初她挣脱不幸婚姻的枷锁，怀揣着寻觅新生活的憧憬，只身南下广州打工，投奔昔日的老同学。广州的生存环境对于一个文化程度低、无一技之长、又举目无亲的柔弱女人来说，是需要援手的，于是他成了她的依靠，也给了她渴望的温暖和爱情。然而，所托非人，依附于他的生活，使她失去了自我，失去了是非善恶的判断，她开始盲从他的一切，任他摆布，被动的沦为他实施合同诈骗犯罪的同伙，以化名与被害人签订产品加工合同骗取被害人押金，受骗者多达十几人。她却并没分到多少钱，案发后只能变卖家私作路费，怀着八个月的身孕跑回老家。

　　我感觉得到她需要我的倾听和引导，我跟她谈话的时间比平时的讯问长一点。她说，觉得这一切像一场噩梦，醒来后悔莫及，以后再也不做违法犯罪的事情了，也不想再见那个男人。她觉得最对不起的就是女儿，这三年来一切精力都花在了女儿身上，只希望她健康的成长。以她此刻的真心忏悔，愿她能悔过自新，比以前坚强和独立，早日获得家人的宽容和谅解，给女儿一个温暖有爱的家。

　　在我们这个外来务工女性众多的城市，女性犯罪中类似于她的误入歧途者并不少。在哀其不幸，怒其不争的同时，我更希望我们女性同胞注重加强自身修养，做到自尊、自重、自爱、自强、自立，社会也能对外来务工女性多点关注，多点教育和保护，不至于让本该美丽、善良的她们由于物质和精神的匮乏，滑向违法犯罪的深渊。

案件本不应该发生

鄢　静

这不是小说情节，这是真实的案件。

通过审查案卷材料，事实真相渐渐还原在我面前。2013年1月初，女子阿秀接到一通电话，电话那头的人说，自己是看守所管教，天气寒冷，她的丈夫需要添加衣物了，请准备好衣服。阿秀的丈夫因为犯假冒注册商标罪正在看守所服刑。接到这通电话，挂念丈夫的阿秀立即准备好了过冬衣物，按照电话那头的指示，预定在看守所门口见面。

没有想到，这竟然是个死亡之约。

在看守所附近，阿秀见到"管教"，"管教"说可以带他去山后"劳动工场"见丈夫一面。阿秀喜滋滋地为丈夫买了些面包、蛋糕。当来人带着阿秀到后山下一条偏僻的小路上后，却用事先准备的绳子捆住阿秀，抢走了她身上所有的财物、强奸了她，并丧心病狂地用石头砸死了她……

这压根不是什么"管教"，来人的真实身份是阿秀丈夫张某的同仓人员，2013年1月初刚刚刑满释放。这是他早就设计好的阴谋。2012年下半年，张某因犯假冒注册商标罪在看守所服刑，在那里，他认识了一个"仓友"刘某。在二人一起服刑期间，刘某默默留意一切信息，记住了张某妻子的联系方式。出狱后第2天，刘某就冒充看守所管教人员给张某的妻子阿秀打电话，悲剧就此发生……

掩卷嗟叹，我心情沉重。去看守所提审刘某时，顺便向看守所民警了解了张某的现状，据说案发之后张某追悔莫及，终日以泪洗面，他怎么也没有想到，会因自己一时大意，给自己的妻子带来如此灭顶之灾。古语有云：害人之心不可有，防人之心不可无。在看守所这个特殊的场所，必要的防范是必不可少的。如果当时，粗心的张某能稍微注意一下，保护好家人信息；痴心的阿秀能够稍微留心一下，接到刘某电话后能找看守所民警核实一下他的身份；在与刘某见面时，哪怕她能稍微警醒一些，及时发现刘某身上的种种疑点……那么这一切就有可能不会发生。可惜，很多事一旦发生，就永远没有重新开始的可能。

世事万千，在面对形形色色的事件时，请大家多一点疑问，多一点不怕麻烦，多与家人、朋友商量，多向相关部门求证，让我们共同努力，让案件消弭在萌芽之中，而不要让它在造成永远无法弥补的伤害后，变成检察官案头一摞摞冰冷的卷宗。

笨贼一箩筐

郭晶晶

工作中办理了很多盗窃案件，这些落网的小偷们伎俩可谓是五花八门：有的小偷小摸，顺手牵羊；有的江洋大盗，装备精良；有的飞檐走壁，不畏艰险；有的绞尽脑汁，监守自盗。其实想想，人家也挺不容易的，基本上过的是美国时间，起得比鸡还早，睡得比猫还晚，有时候费好大力气偷来的东西，销了赃也就是几顿饭钱，尤其是一些笨贼，让我们这些理智而冷静的司法机关办案人员看了都为之摇头："唉，真是太笨了！"

某男半夜如厕经过隔壁宿舍，发现隔壁一邻居手机丢在床头上，马上顺手牵羊，偷了关机藏自己枕头底下，还美滋滋继续蒙头大睡，心想："呵呵，反正关机了谁也找不着，天知地知无人知啊。"结果好梦不长，清晨六点，该手机突然铃声大作，音乐四起，事主闻声飘然而至，在其床前将其人赃并获。人家事主是个司机同志，每天早上闹铃 6 点准时响起，您关机了又如何？

又有一男，打小就跟着同伙四处盗剪电线，抽出铜线卖钱。久而久之，该厮大概以为世界上的万事万物中只有铜线可以销赃卖钱。于是，在一个月黑风高的夜晚，他翻墙爬窗潜入一个小区的别墅中（他早观察过，主人出门，已经数日无人在家），全屋家用电器，大至电视机电冰箱，小至电吹风插线板无一幸免，他将所有电器后面那不足半米的电线剪下刨皮抽铜线，辛辛苦苦干了整晚，抽到的铜线大概也不足两斤，收工后，他看到主人衣柜的衣服很多，顺便挑了一套，连带运动鞋都换了一身新，结果过了几日，他还穿着那身新衣在附近穿大街走小巷呢！被回来的主人撞了个正着，主人纳闷呢：这厮的衣服怎么那么熟悉啊……只可怜这家主人啦，全家的电器一样没少，就是无法通电了。

还有一位好吃型小偷，如果偷到好吃的他都要尝一尝，这一次，他来到一家食品仓库，偷着几箱东西就出来了，回去一看，原来是大印象减肥茶，不知是他要减肥还是喜欢喝茶，总之，警察捉住他的时候，还在不停地拉肚子……

大千世界，偷什么的有，这跟小偷的个人喜好和行事风格也有很大关系。有一小偷，平日里喜欢偷花力气的东西，像路边的铁标识牌啊、院子的铁门、房子的窗子、下水道的井盖等，有一日半夜，他正在大街上物色目标，彷徨着呢，恰好经过平时他最感到害怕和不敢靠近的治安岗亭，灵机一动："咦？这岗亭是铝合金做的，此时不偷更待何时！"第二天，村里的治安员来上班，一看："我上班的地方哪去啦？"

最后讲的这一位老兄就有点不够了解自己，偷了人家院子里的三轮摩托车，又不会开，一开就撞到了路边的树上，路过的交警就过来了解，结果抓个正着！

——以上故事纯属事实，如有雷同，绝不是巧合。笨贼一箩筐，这些低智商罪犯，让我们无语的同时，发现他们竟然也做了点贡献——您被逗乐了吧？

笑过之后，我不禁又唏嘘一番，这些笨贼浪费了国家多少司法资源！从侦查阶段再到审查起诉和审判，从公检法各部门到物价鉴定机构，这些损人不利己的梁上君子们或许不知道他们如此愚蠢的盗窃行为也一样要受到各办案机关一丝不苟的认真对待，作为一名公诉人，每每在审阅完堆积如山的案卷，感到一种将犯罪分子绳之于法的成就感之后，却又常常在思考我们工作的终极意义：打击更多的犯罪，应是为了将来社会发生更少的犯罪！两千多年前的墨子在《兼爱》

里说："盗贼者亦然，盗爱其室不爱其异室，故窃异室以利其室；贼爱其身不爱人，故贼人以利其身。此何也？皆起不相爱。"犯罪是利己行为的极端表现，构建和谐的社会，让兼爱取代不相爱，爱人若爱己，也就没有了诸多"乱"象，则天下可以大治了。

沉重的赃款

朱　迪

　　有一个网络上曾经流行过的问题是这样问的："如果有了1000万元，你该怎么花？"有说买豪宅的、有说购名车的、有说换老婆的，答案五花八门，虽然这种天上掉金元宝的事是万中无一，但大家还是争论得乐此不疲。原因何在？那可是1000万元啊，就是过过嘴瘾也好。可是如果真要有1000万元的不义之财摆在你面前，你可能就笑不出来了。因为赃款是有重量的。

　　那年我们查办某官员受贿的案子，在大量的事实和证据面前，他终于表态："我愿意很诚心交代问题，就是具体数额记不清了。"我就问他："那你总共收了多少钱？"他说："1000多万元吧。"于是我换个角度问："这1000多万元你怎么用的？"他说："都没用，我都放在一个屋子里。我把钱放在一个出租屋里，我可以带你们去找。"几个小时之后，我们在他所交代的出租屋的床底下，发现了1000多万元的赃款，整整铺满了床底。

　　1000万元是个什么概念？可以买豪宅、名车，可以周游世界，也可以判处死刑。但这些都不是那时我所关心的，我想的只是重量！一张百元钞票重1.15克，一万元就是115克，1000万元就是115公斤。我们几个人把这100多公斤钱用被子包起来，肩挑背扛才气喘吁吁地运上了警车，带回了检察院。捏着酸痛的胳膊，我第一次知道，原来钱是这样的重。

　　被查的这名官员主管全省的疫苗采购工作，大权在握，各大药商都要给他回扣。他一年正规收入都很丰厚，衣食无忧。他收来的赃款从没动用过，没有买豪宅、名车或周游世界，他不敢，他连把这 1000 多万元存进银行都不敢。这 1000 多万元对他而言，只是一堆特殊的纸和抽象的数字而已，甚至差点给他带来死刑，只是因为他自首加上赃款全部追回，保住了性命。这 1000 多万元赃款，这 100 多公斤的祸水，在他手中流淌过，他付出了终生的自由。沉重的赃款，像一块巨石，把他沉入河底，又如烟散去。

醉驾者语录

徐 卉

语录一："我的车啥时可以还给我？"

从 2011 年"五一"开始，醉驾入刑。我在 2011 年 5 月 19 日受理了我院第一起危险驾驶案，第一次接触危险驾驶这一罪名。在提审犯罪嫌疑人甲（被依法取保候审）的时候，除了例行问话之外，还跟他多聊了几句，想探知其究竟有无认识到醉驾危险性。

问：你觉得自己醉驾的行为对你自己和家人、社会带来了什么影响？

答：（笑一笑）这个怎么说呢，我也说不好。但我觉得现在出行比较不方便，你看今天你们约我过来，我都得麻烦朋友开车送我。

问：你有什么补充？

答：我现在最关心的是，我的车啥时可以还给我，没有车真不方便。

语录二："没想到过了一晚上还测得出来！"

过了没多久，笔者又受理了一起危险驾驶案。犯罪嫌疑人乙竟然是在早上醉驾被查获的。

问：你早餐也要来两杯？

答：不喝。

问：（翻了翻卷宗，有一丝怀疑）那你这酒精测试结果怎么……

答：（插话）检察官，我前一天晚上喝了。

问：112.0mg/100ml，这是喝了多少酒呀，过了一晚上还这么高？

答：我也觉得好冤呀，没想到过了一晚上还测得出来，我感觉没事了呀。

乙自我感觉没事，但却由于醉驾发生交通事故被查获，既要赔钱，又要赔自由。

语录三："我也不知道怎么就将车开到高速了。"

陆续办理了几宗危险驾驶案后，得出结论：凡醉驾被查获者，要么是因为交警设岗才撞枪口，要么是因为发生了交通事故，没有第三种方式。11月初受理的一宗危险驾驶案，让我推翻了之前的结论。

问：在哪里被抓的？

答：高速公路超车道。

问：怎么上的高速公路？

答：我也不知道怎么就将车开到高速公路上了。

问：怎么又将车停在超车道上不走了呢？

答：我睡着了，是交警把我拍醒的。

这位犯罪嫌疑人丙，将车停在高速公路超车道上，趴在方向盘上就睡着了。路人报警，丙遂被查获。此为醉驾被查获的第三种方式。

甲、乙、丙最终均被判处拘役，收押服刑。

文章结尾，其实无须过多总结，也无须更多劝诫。还是那句老话——喝酒不开车，开车不喝酒，就对了。

因小失大，得不偿失

刘范义

　　进入检察院不久，我第一次跟着师傅到看守所讯问一名涉嫌受贿的犯罪嫌疑人。这是一个普通的受贿案，受贿人贪污数额不到十万元。在讯问结束后，师傅的一句"你在这里有什么感受"似乎突然一下打开了他的话闸。

　　这是一个美满的家庭：他和妻子都有一份体面的工作，父母退休，即将小学毕业的女儿成绩优秀。他是单位的中坚力量，深得领导的信任和赏识，如果没有出事，马上就要走上领导岗位。

　　他说道，当他戴上手铐走进看守所的那一刻，就已经知道自己的前程都没了，但他最担心的是家人。他怕自己年迈的父母知道自己走上了犯罪的道路而操心，他怕自己的妻子承受不住这样的打击而一蹶不振，他怕自己的女儿会因此受到同学的异样目光。每次家人请的律师到看守所会见他时，他最想知道的是家人的情况，而不是自己的案子是否有罪轻或无罪的可能。

　　他还提到了因工作关系而认识的一个老乡，通过平时的请客吃饭，逢年过节送点小礼，让自己一步步放松警惕，最终在对方承包一个工程项目时权钱交易而东窗事发。在看守所这段时间，他想起自己做的事情就后悔不已，仅仅为了不到十万元，而让自己变得一无所有。被判有罪，开除党籍公职在他看来已成定局，而无医保社保的他要在重获自由后一切从头开始。

223

身陷囹圄后，他才知道自由就像空气一样，平时没有注意，失去时才知道重要；那些灯红酒绿的场景不是常态，平平淡淡的生活才最真。他希望能以积极的态度换得较轻的量刑，早日恢复自由和家人团聚。

在回单位的路上，师傅说道："做人要理智，面对数十、百倍于自己的工资而起贪心是一种短视行为，因小失大，得不偿失。获得的是一时的满足，毁掉的是后面几十年的人生。"

莫让忏悔的泪流

刘耀宇

从看守所提审出来，心里有点沉重，贾某那哭泣的面庞不断在我脑海浮现。三十六七岁的年华，正是人生中年富力强的好时候，也是身为家里顶梁柱、社会中坚力量的时刻，本该是大展拳脚做事业的好年华，却因一时的贪念，落得如此下场，着实可惜。

贾某，原广州市某区基层机关领导，在单位工作多年，是行业内难得的专家型领导。事实上，因为他既有扎实的理论功底、丰富的一线工作经历，又有多年的管理经验，所以在单位深得赏识。其被捕前，适逢单位上任领导退休，他主管全面工作，可以说有了全面施展自身才华的机会，然而却因一时贪念，最终身陷囹圄。

这次是我第五次提审贾某，算上这次，贾某已经是第三次在我面前流泪。我静静坐着，听他诉说自己在看守所内写信收信，诉说自己想出去、想回家，诉说自己的后悔。在这里，写信这个已经渐渐淡出公众视角的通信方式，不知承载着他的几多期盼、几多情感。看着面前流泪的贾某，确切地说，我不知道他对自己的所作所为有多少忏悔，但是我能感觉到他对家人的一种愧疚、一份对自由的渴望、一种对平淡生活的向往。也许到了这里，他才真正地意识到最宝贵的是人身的自由和健康、家人的和睦与相守。

自由，只有失去时方知珍贵；家人，只有想见而不得时方显亲近！

　　是这个物质化的社会把我们都物化了吗？只知挣钱和享乐，为了金钱和一些所谓的物质享受，罔顾法律和道德，为自己或他人谋取不正当利益，不惜行贿受贿，这或许能得一时之利，但从长远来看却要承受更大的损失。以贾某来说，一时的贪婪，不仅令自己身陷囹圄，使国家损失了一个难得的专业人才，还给其所在单位带来耻辱、给其所管理行业带来恶劣影响，更给家人带来莫大痛苦，由此可见，一人犯罪所带来的影响之大。

　　图一时之利损长远之利，是为不值；图一时之快损长远之乐，是为不智。作为一名检察官，我真心地希望再少些人触犯刑法，因为刑罚是如此严厉，它对犯罪人及犯罪人家庭都会产生无法消除的巨大影响。少一些犯罪、少一些刑罚，不正是和谐稳定社会所追求的，人民群众所希望的吗?!

相亲需警惕，骗人终害己

任文佳

在这个剩男剩女众多的时代，相亲已经是屡见不鲜的事了。但有这么一些人，他们也在从事着相亲的工作，但他们却从不以结婚为目的，他们只是打着结婚的幌子，实则巧立名目骗取礼金。

接到这件骗婚案件时，看着厚厚的卷宗，我的心情是复杂的，案件中除了第一位涉嫌诈骗的犯罪嫌疑人是中年男子，其他各位均为年轻的女子，这名中年男子是所谓的"老板"，带领其他人共同进行诈骗活动。老板首先刊登征婚广告，之后有专人分别负责接打电话、登记来电人资料，若来电人有意见面，则由其中的一人假冒征婚人，老板和其他人则以征婚人亲属的身份陪同相亲并索要礼物，后续还有人负责和被害人联络感情，以便进一步以置办婚礼等为由索要礼金。

综观整个犯罪过程，令我感到惋惜的是，多数被害人对相亲不够警惕是造成诈骗犯罪成功的原因之一。许多被害人在第二、三次见面时就被骗数万元的结婚礼金，有些甚至在初次见面就给未来"岳丈"封了上万元红包，而这种盲目的信任仅仅来源于一个征婚广告和犯罪嫌疑人语言上蓄意的讨好迎合。须知诈骗之所以能够取得成功，是由于骗子善于寻找被害人的软肋，攻其要害，从而取得被害人的信任，诈骗得手，而几名犯罪嫌疑人恰恰是盯上了这些急于结婚的人，以虚构的条件引其上当。这为相亲的人士敲响了警钟——坐在你对面的可能是终身伴侣，也可能是只为钱财的诈骗犯，对于素不相识的人，不应盲目轻信。

诈骗犯罪的另一个原因在于这些犯罪嫌疑人道德的沦丧。在看守所提审时，几名年轻秀丽的女子，反复向我讲述的不是对犯罪的懊悔，而是辩解自己只是迫于生计，在老板的安排下完成工作而已。这些女孩子，她们也可以踏踏实实地在广州打工，但她们却选择了加入诈骗团伙，走上犯罪的道路，难道真是"被迫"的吗？其实她们确实是"被迫"，是被她们内心的欲望所迫。

践踏法律者，必将受到法律的严惩，这些犯罪嫌疑人必将为他们的行为付出应有的代价，违法犯罪只能让他们暂时活得潇洒，但造成后果却可能终其一生去偿还。走出看守所，我想，也许高墙之内的生活能让他们明白，骗人终会害己。

酒之殇

狄　波

　　"又是一个与喝酒有关的案子！"掩上卷宗，我不禁感叹！近期，酒后犯罪的案子似乎越来越多，也越来越让人唏嘘。在这一系列酒后犯罪案件中，给我印象最深的有三个。

　　第一起案件中，一个醉汉因为不胜酒力趴在路边的花基上睡觉，巡逻至此的民警好心上前询问，醉汉不耐烦地挥挥手说，"没事，你别管我"。民警在确认醉汉没有危险后说了一句"早点回家休息"就继续巡逻。隔了一个多小时，当这位民警再次巡逻到此时，醉汉还是趴在那里。那时已经是凌晨1点多，民警为了确保醉汉的人身安全，扶起醉汉准备带他回派出所休息。可醉汉突然狂性大发，愣是把民警打成轻微伤。事后，醉汉承认知道对方是民警在执行公务，可就是因为喝多了，控制不住自己，就把警察给打了。结果可想而知，醉汉因妨害公务罪被依法逮捕。

　　第二起案件中，一个醉汉和几个酒友在喝酒，见到一名保安经过。醉汉跟酒友们说，那个保安竟然敢瞪他一眼，岂有此理，欲上前争执。酒友们纷纷好言相劝，总算平息了他的怒火。原本以为事情就这样过去了，可喝着喝着，醉汉突然站起身来，朝着远处的保安冲过去，拿出不知道哪里来的刀子，在对方脖子上一划，接着又不知跑到哪里去了。就是这一划，使得那名保安至今昏迷在 ICU 里，那名醉汉也因故意伤害致人重伤被关进了看守所。可怜他至今都无法回忆起作案过程。

　　第三起案件中，一个醉汉在自家楼下停车，却因喝得实在太多总是停不进车位。挂挡、倒车、挂挡、前进……醉汉重复了十几遍后终于抑制不住心中的怒火，一个油门猛踩下去，将前面的车撞开，然后挂上倒挡，又是一个油门猛踩下去，把后面的车又撞开了，接着又朝四面八方撞过去……终于，他把车停进了车位，可怜在附近停放的六辆车一辆辆被撞得面目全非。第二天，这名醉汉被公安机关以故意毁坏财物罪刑事拘留了。

　　酒本佳酿，原本应该承载着芸芸众生各种美好的情绪。"对酒当歌，人生几何"反映的是英雄的豪迈，"举杯邀明月，对影成三人"体现的是诗人的浪漫，"劝君更进一杯酒，西出阳关无故人"衬托的是离别的不舍。可是，当看到因为酒而引发的一宗宗刑事犯罪时，我真的难以分辨这到底是酒的悲哀，还是人的悲哀。不管是谁的悲哀，事实告诉我们，"珍爱自由、远离酗酒"。

公职人员的"井"与"警"

黄茉妮

　　近日，法院对越秀区某街城管中队队长王某国滥用职权、受贿一案作出了有罪判决。现年53岁的王某国资历可谓深厚，仕途也较为顺利。然而，他没有正确对待手中的权力，王某国在任城管中队队长期间，放任涉案人员在其辖区内违法建设，并利用职务之便，收取了好处费共计91800元。

　　从此案，我联想到明太祖朱元璋关于"井"的妙喻。朱元璋第一次向各地派任官员前，带他们到一口井旁，说："做清官，靠俸禄过日子，就像守着一口井，井水虽不满，但可养活一家老小。如果从外面取水灌入井里，满了就要加高井台，一旦台破水溢，就会殃及你的乌纱帽。"自此，许多官员便在府衙院中掘一口井，并立"警"字碑提醒自己清廉自守。常州郡守许度最爱吃太湖白鱼，一个渔夫为了打赢官司，送来几条肥美的白鱼，许度却不收。渔夫不解地问："您不是喜欢吃鱼吗？为何不收呢？"许度答："正因我喜欢吃鱼，所以不能收。收了你的鱼，我就可能被革职，乌纱俸禄都没了，我还拿什么买鱼呢？不如等打完官司，你教我撒网打鱼吧。"后来许度真的学会了捕鱼。一次，朱元璋巡访到常州，许度大摆鱼宴款待。朱元璋问："靠你的俸禄，怎么能买这么多鱼？"许度说是自己捕的，朱元璋有些不信，便与他一起泛舟湖上，见他撒网捕鱼的技术不亚于渔民。朱元璋龙颜大悦，当即赏许度纹银百两。

与许度相反，王某国嫌自家的"井"水不满，罔顾法律和道德收受贿赂。当"井"水满溢之时，也是他走向自我毁灭之日。最终，王某国被法院判处有期徒刑 3 年，缓刑 4 年，并处没收财产 3 万元。开除党籍、公职也是必然后果，真是得不偿失。

《道德经》云："祸莫大于不知足，咎莫大于欲得。故知足之足，常足矣。"其中哲理，与"井"与"警"之说有异曲同工之妙。作为国家公职人员，应当时时自警自律，切勿因一时贪欲，毁掉一世人生。

警惕"感情投资"式贿赂

郑创彬

这是我们南沙区检察院查办的案子。行贿人梁某是一家合资环保物业管理公司的经理，为了获取保洁和公厕管养服务项目，从 2006 年开始，逢年过节都向某区城管局局长吴某行贿，每次数额不大，但都巧立名目，让吴某坦然收受。比如以过节名义送 3000 元到 5000 元的购物卡，当吴某想在家乡承包荒山，就主动送上两台价值数千元的割草机，当吴某透露出家族祠堂要翻修，就主动"借"出 5 万元。六年多下来，累积行贿数额达到了 20 多万元。在这般银弹攻势下，吴某利用权力为梁某大开绿灯。

梁某供述称，吴某所在的区城管局，是辖内道路保洁和公厕管养项目招标方及监督方，为了公司自身利益必须与主管保洁项目的领导搞好关系。最近几年由于市容环境保护行业入门标准低，个别项目利润较大，各路人马都想分一杯羹，使得其公司也要按市场规则来做，逢年过节向有关业务单位领导送"过节费"成为各家公司约定俗成的惯例，"平时多烧香，好过临急抱佛脚"。

与传统直接行贿相比，这种长期"感情投资"贿赂案件，受贿行为与请托行为时间上并不紧密，一方面，将赤裸裸的权钱交换，罩上了一层温情的面纱，行贿受贿行为在不知不觉发生。另一方面，这种先打感情基础，以备将来之需的做法，在行受贿双方之间无形中形成了"人情债"，容易建立起密切稳定的"朋友"关系，形成利益共同体，贿赂关系更长久，危害也更为严重。

在自上而下加大惩治腐败的今天，"老虎""苍蝇"一起打，无论使用再冠冕堂皇的理由为自己的受贿行为辩解，都逃脱不了法律的严惩，正所谓"莫伸手，伸手必被捉"。

图书在版编目（CIP）数据

检察官札记/王福成主编 . —北京：中国检察出版社，2014. 1
ISBN 978 – 7 – 5102 – 1071 – 6

Ⅰ . ①检… Ⅱ . ①王… Ⅲ . ①检察机关 – 工作 – 中国 – 文集
Ⅳ . ①D926. 3 – 53

中国版本图书馆 CIP 数据核字（2012）第 286243 号

检察官札记

王福成　主编

出版发行：中国检察出版社

社　　址：北京市石景山区香山南路 111 号 （100144）

网　　址：中国检察出版社（www. zgjccbs. com）

电　　话：(010)68630385(编辑)　68650015(发行)　68636518(门市)

经　　销：新华书店

印　　刷：保定市中画美凯印刷有限公司

开　　本：150mm × 240mm

印　　张：15. 75 印张

字　　数：188 千字

版　　次：2014 年 1 月第一版　2014 年 1 月第一次印刷

书　　号：ISBN 978 – 7 – 5102 – 1071 – 6

定　　价：48. 00 元